E. D'AVESNE

LA
FRANC-MAÇONNERIE
AU POUVOIR

1789 — 1880

PARIS

R PALMÉ, ÉDITEUR

, rue des Saints-Pères

1881

E. D'AVESNE

LA
FRANC-MAÇONNERIE
AU POUVOIR

1789 — 1880

PARIS

VICTOR PALMÉ, ÉDITEUR

76, rue des Saints-Pères

1880

Le gouvernement a déclaré la guerre au « cléricalisme », qu'il a fait définir par ses officieux « l'intrusion de la religion dans le domaine de la politique ».

On avait forgé le mot; on a évoqué un spectre chargé de le justifier.

Et la foule, toujours crédule, a cru de bonne foi au spectre, après s'être laissé prendre sottement au mot.

Que le « cléricalisme » n'ait pourtant jamais existé, sinon dans la folle imagination de ses inventeurs, ce n'est plus à prouver à quiconque peut réfléchir un seul instant.

Mais il reste quelque chose à démontrer encore.

Le cri de guerre poussé contre le « cléricalisme » n'est qu'une feinte, et les ennemis des cléricaux ne sont si véhéments dans leurs accusations que pour ne pas être accusés eux-mêmes.

Ils affirment que les congrégations non reconnues gouvernent la France avec l'appui des cléricaux. Pourquoi?—Afin que le public, égaré, ne s'aperçoive pas que les véritables maîtres de la France, ce sont les membres de la plus ténébreuse des congrégations non reconnues, de la Franc-Maçonnerie.

Il est temps que cette équivoque cesse; il est temps que les cléricaux, si impudemment atta- qués, ne se bornent pas à se défendre ; il est temps qu'ils prouvent, pièces en main, qu'à l'heure présente, la France est, pieds et poings liés, livrée aux Loges, qui l'exploitent.

C'est ce que nous allons faire rapidement, en empruntant nos preuves à la Franc-Maçon- nerie elle-même et à ses plus fervents adeptes.

I

La Franc-Maçonnerie n'est pas une société de bienfaisance.

Déblayons le terrain d'abord, et prouvons que la Franc-Maçonnerie n'est pas une « institution essentiellement philanthropique, philosophique et progressive », comme elle le prétend, mais une société politique des mieux organisées et des plus redoutables.

La Franc-Maçonnerie n'est pas une société de bienfaisance.

Le Monde maçonnique a pris soin de nous en assurer lui-même.

« La bienfaisance, a-t-il écrit en effet, n'est pas le BUT, mais seulement un des caractères, et des MOINS ESSENTIELS, de la Maçonnerie. »

Et, en février 1867, il ajoutait :

« La Maçonnerie ne peut *se laisser abaisser au rang de simple société de secours mutuels.* »

Eût-il parlé avec moins de franchise, que nous n'eussions jamais eu le moindre doute sur la philanthropie d'une société dont les membres disent :

« Rappelons-nous que la Franc-Maçonnerie n'a pas constitué un corps d'*individus vivant aux dépens des autres*. Ces *mendiants* qui s'associent pour faire de la misère, oseraient-ils avouer dans quel but ils se font recevoir ?... *Cette* LÈPRE HIDEUSE de la Maçonnerie en France *montre la coupable négligence* des Loges. » (F.·. RAGON, *Cours philos.*, p. 368.)

« Ne présentez jamais dans l'Ordre que des hommes qui peuvent vous présenter la main, *et non vous la tendre*. » (F.·. BEURNONVILLE, *Cours philosophique*, p. 368.)

« Le *Maçon mendiant* est sans cesse chez vous, sur vos pas, dans vos Loges ; c'est un *génie malfaisant*, qui vous obsède partout et à toute heure... *Son insolence ne connaît ni bornes ni obstacles...* Mieux vaudrait rencontrer sa main armée d'un poignard : vous pourriez du moins opposer votre courage au glaive assassin... Armé seulement de son titre de Maçon, il vous dit : ..... Donnez, mais apprêtez-vous à donner sans relâche. *Le guet-apens est permanent.* » (F.·. BAZOT, *Cod. du F.·. M.·.*, p. 176 [1].)

---

1. Cité par le R. P. GAUTRELET, dans son livre *la Franc-Maçonnerie et la Révolution*. Nous avons fait de nombreux emprunts à cet excellent ouvrage.

Ce langage n'est point celui d'une institution *essentiellement philanthropique*, et dont le premier but est l'*exercice de la bienfaisance*.

C'est cependant à titre de sociétés de bienfaisance que les Loges ont été autorisées en France.

« S'il existe dans votre département, écrivait, le 16 octobre 1861, M. de Persigny, ministre de l'intérieur, *des* SOCIÉTÉS DE BIENFAISANCE non autorisées, sous quelque titre ou dénomination qu'elles soient établies : conférences de Saint-Vincent-de-Paul, de Saint-François-Régis ou de Saint-François-de-Sales, et LOGES DE FRANC-MAÇONNERIE, je vous invite à les autoriser sans délai, suivant les formes légales, et à les admettre, ainsi que toutes les sociétés déjà reconnues, au partage des faveurs du gouvernement comme à la protection de l'État. »

Que faut-il en conclure? C'est que la Franc-Maçonnerie *n'est pas autorisée en France*, puisqu'elle a été reconnue comme société de bienfaisance seulement, et que, de son propre aveu, elle ne le fut jamais [1].

1. « La Franc-Maçonnerie, nous l'avons démontré par le témoignage des Francs-Maçons eux-mêmes, est une société secrète au premier chef : elle est donc en opposition formelle avec l'article 13 de la loi du 28 juillet 1848.
— Elle s'occupe activement, ses adeptes en font l'aveu, de politique et de religion, sans y être autorisée par le pou-

Donc, d'une part, la Franc-Maçonnerie n'est pas une société de bienfaisance;

De l'autre, elle n'est point autorisée[1].

Est-elle du moins une société exclusivement *philosophique* et *progressive,* comme elle le prétend?

Pas le moins du monde.

La Franc-Maçonnerie ne se complaît point dans une doctrine platonique; elle ne se renferme pas dans la théorie: elle fait de la pratique, et de la pratique révolutionnaire. Pour le prouver, nous n'avons qu'à démontrer qu'elle s'occupe de politique, et nous allons le faire sans retard.

voir civil : elle viole donc l'art. 291 du Code pénal. — Les orateurs, au sein des Loges, provoquent à la désobéissance aux lois, poussent à la haine des citoyens les uns contre les autres, professent hautement des doctrines antisociales et athées, et menacent tout à la fois le droit de propriété, la liberté de conscience, et jusqu'à la sécurité individuelle : ainsi elle foule aux pieds les articles 292 et 293 du Code pénal, les articles 1, 2, 3 et 4 de la loi du 10 avril 1834 sur les associations. » (*La Franc-Maçonnerie, révélations d'un rose-croix,* p. 78, 79.)

1. Ce qui ne l'empêche pas de s'armer de lois dont l'existence est plus que problématique, pour expulser de leurs domiciles des hommes qni ne demandent que la liberté de prier et de se dévouer à leur prochain!

II

La Franc-Maçonnerie s'occupe de politique.
— La Révolution.

Deux genres de preuves s'offrent à nous pour démontrer l'immixtion de la Franc-Maçonnerie dans la politique : les faits empruntés à l'histoire, et les écrits des Francs-Maçons. Nous les utiliserons tour à tour.

L'histoire d'abord.

Les premiers événements où l'on découvre la main de la Franc-Maçonnerie, sont ceux qui se déroulèrent de 1789 à 1795.

La secte s'y préparait depuis longtemps. Dès 1781, elle comptait 257 Loges en France, dont 41 à Paris, vrais foyers de révolte où l'on attisait le feu qui allait embraser tout le royaume. Clergé, noblesse [1], magistrature,

---

1. Je relève dans la liste des Francs-Maçons convoqués aux convents de 1785 et de 1787, à Paris, les noms suivants : de Beyerlé, conseiller au parlement de Nancy ; marquis de Castillon, duc de Crussol, margrave d'Anspach, comte d'Esterhazi, président d'Héricourt, baron d'Haugwitz, président Duval d'Esprémenil, prince Ferdinand de

armée [1], tout était entamé : aucun ordre n'avait pu se garantir de la contagion, et les Loges possédaient un grand nombre d'affidés partout. A la cour même, on avait organisé une réunion connue sous le nom de *Loge des Trois-Frères* [2]. La

Brunswick, princes Louis, Frédéric, Christian de Cassel, duc de Luxembourg, prince de Nassau, de Saint-Simon, baron de Stahl, etc., etc. (*Acta Latomorum*, t. II, p. 92 et suiv.)

1. Un grand nombre de compagnies et de régiments avaient constitué dans leur sein des Loges maçonniques. C'est ainsi que nous trouvons portés dans l'*État du G∴ O∴ de France*, t. III, les corps suivants : Compagnie écossaise des Gardes du Corps du Roi; 1re et 2e Compagnies des Mousquetaires; Régiments Angoumois, Auvergne, Condé-Infanterie, Conti-Dragons, Dauphin-Dragons, Navarre, Orléans-Infanterie, Orléans-Dragons, Royal-Champagne, Royal-Marine, Royal-Pologne, Royal-Vaisseaux, etc., etc... : en tout, plus de *quarante* régiments à la dévotion des chefs occultes de la secte.

2. « *La plupart des révolutionnaires*, nous l'avons dit, *étaient affiliés aux sociétés secrètes de la Franc-Maçonnerie*. Or, quand un frère étranger se présente en visiteur dans une Loge, s'il est revêtu des hauts grades, les membres de la Loge se rangent sur son passage, et, joignant leurs épées au-dessus de sa tête, ils forment ce qu'on appelle *la voûte d'acier*. Cet honneur singulier fut rendu à Louis XVI, au moment où il mit pied à terre pour monter les degrés de l'hôtel de ville. » (LOUIS BLANC, *Histoire de la Révolution*, cité par le *Bulletin du G∴ O∴ de France*, avril 1869, p. 76.)

secte avait de plus à sa disposition ce qui est le nerf de la guerre et le succès des insurrections : l'argent.

En 1790, suivant le F∴ Girtaner, membre d'une des principales Loges, la caisse de l'Ordre contenait, argent comptant, *vingt millions de livres ;* en 1791, elle renfermait *trente millions*. Il y avait là de quoi acheter bien des consciences et bien des concours. On essaya, on réussit.

La Franc-Maçonnerie se trouva donc tout à coup maîtresse de la situation et en passe de régner sur le pays. On sait ce qu'il en coûta de larmes et de sang à la France, et quelles hécatombes furent le prix de ce triomphe momentané !

Et qu'on ne crie pas à la calomnie en nous entendant dire que c'est la Maçonnerie qui fit la Révolution, et qu'elle doit, par conséquent, être tenue responsable des crimes qui ensanglantèrent alors notre histoire.

Les preuves sont là, irréfutables et accablantes.

« J'ai acquis la ferme conviction, dit le baron d'Haugwitz, qui avait vieilli dans les Loges, que le drame commencé en 1788-1789, que la révolution française, que le régicide avec toutes ses horreurs, non seulement avaient été résolus alors dans les Loges des illuminés, mais encore *qu'ils étaient le*

*résultat des associations et des serments maçon-
niques* [1]. »

Est-ce net?

« J'ai eu, avait dit déjà un autre frère, John Ro-
binson, secrétaire de l'Académie d'Édimbourg, j'ai
eu les moyens de suivre toutes les tentatives faites
pendant cinquante ans, sous le prétexte spécieux
d'éclairer le monde avec le flambeau de la philosophie et de dissiper les nuages dont la superstition
religieuse et civile se servait pour retenir tous les
peuples de l'Europe dans les ténèbres et l'esclavage.

« J'ai observé les progrès de ces doctrines se
mêlant et se liant de plus en plus étroitement aux
différents systèmes de la Maçonnerie ; enfin j'ai vu
se former une association *ayant pour but unique de
détruire jusque dans leurs fondements tous les éta-
blissements religieux et de renverser tous les gouvernements existants en Europe.*

1. D'autres témoignages sont venus confirmer l'accu-
sation portée par le baron d'Haugwitz contre les Loges.
Ainsi Mgr le cardinal Mathieu, archevêque de Besançon,
a déclaré (lettre du 7 avril 1875, citée par Mgr Turinaz,
évêque de Tarentaise) avoir entendu raconter souvent à
un président de chambre de la cour de Besançon, que le
meurtre du roi de Suède et celui de Louis XVI avaient
été résolus dans une assemblée de Francs-Maçons tenue
à Francfort, en 1786. — C'est d'un membre même de
cette assemblée, ancien président au parlement de Besançon, que le magistrat en question tenait ce fait.

« J'ai vu cette association répandre ses systèmes avec un zèle si soutenu, qu'elle est devenue presque irrésistible ; et j'ai remarqué que *les personnages qui ont le plus de part à la révolution française, étaient membres de cette association, que leurs plans ont été conçus d'après ses principes* et ÉXÉCUTÉS AVEC SON ASSISTANCE. »

N'est-ce point assez ? Écoutons un Franc-Maçon français, M. Louis Blanc [1] :

« Il importe d'introduire le lecteur dans la mine que creusaient alors sous les trônes, sous les autels, des révolutionnaires bien autrement profonds et agissants que les *encyclopédistes.*

« Une association composée d'hommes de tout pays, de toute religion, de tout rang, liés entre eux par des conventions symboliques, engagés sous la foi du serment à garder d'une manière inviolable le secret de leur existence intérieure, soumis à des épreuves lugubres, s'occupant de fantastiques cérémonies, mais pratiquant d'ailleurs la bienfaisance... C'est en cela que consiste la Franc-Maçonnerie. Or, à la veille de la révolution française, la Franc-Maçonnerie se trouvait avoir pris un développement immense...

« ... Par le seul fait des bases constitutives de

1. *Histoire de la Révolution française,* t. II, p. 74 e suiv.

son existence, la Franc-Maçonnerie tendait à décrier les institutions et les idées du monde extérieur qui l'enveloppait. Il est vrai que les constitutions maçonniques portaient soumission aux lois, observation des formes et des usages admis par la société du dehors, respect aux souverains. Il est vrai encore que, réunis à table, *les Maçons buvaient au roi dans les États monarchiques, et au magistrat suprême dans les républiques.* Mais de semblables réserves, *commandées à la prudence d'une association que menaçaient tant de gouvernements ombrageux, ne suffisaient pas pour annuler les influences naturellement révolutionnaires,* quoique en général pacifiques, *de la Franc-Maçonnerie...*

« D'un autre côté, l'ombre, le mystère, un serment terrible à prononcer, un secret à apprendre pour prix de maintes sinistres épreuves courageusement subies, un secret à garder sous peine d'être voué à l'exécration et à la mort, des signes particuliers auxquels les Frères se reconnaissent aux deux bouts de la terre, des cérémonies qui se rapportaient à une histoire de meurtre et semblaient couvrir des idées de vengeance : quoi de plus propre à former des conspirateurs ?...[1] »

1. M. Edmond About pense de même. Après s'être demandé, dans *l'Opinion nationale* du 19 novembre 1865, si *les F∴ M∴ n'avaient jamais conspiré,* il répond ainsi à sa propre question : « *M'est avis qu'ils n'ont pas fait autre chose depuis l'an 1725 jusqu'à la révolution de 1789. Les épreuves de l'initiation, le secret des assemblées,*

Les conspirateurs accoururent en effet; ils remplirent les Loges et le Grand Orient, et expédièrent de toutes parts, du fond de leurs mystérieuses retraites, « des instructions dont un chiffre spécial ou un langage énigmatique ne permettaient pas aux regards ennemis de pénétrer le sens. » (Louis Blanc.)

C'est au *Grand Orient* de France que trôna Philippe-Égalité; c'est là qu'il reçut les tristes leçons qui le conduisirent à l'échafaud par le déshonneur et l'infamie.

La Loge des *Neuf-Sœurs* dota le pays de Brissot, Garat, Pastoret, Bailly, Camille Desmoulins, Fourcroy, Danton, Lalande, Chénier, Pétion et Rabaut-Saint-Étienne.

Lafayette, Lameth, Custine, Sillery et Guillotin nous vinrent d'une autre Loge, celle de *la Candeur*.

Quant à Sieyès, Condorcet, Barnave, Mirabeau, Duport, Target, Talleyrand, Regnault de Saint-Jean-d'Angély, Tallien, Grégoire, Fouquier-Tinville, Fouché, Santerre, Collot d'Herbois, Couthon, Billaud-Varennes, Saint-Just, Carrier, Marat et Robespierre, ils furent tous membres influents de *la Bouche-de-Fer*, du

les mots et les signes mystérieux, le serment, tous les détails de rite indiquent clairement que *la M.˙. a été une conjuration énergique, terrible,* contre les iniquités du vieux monde. »

Contrat-Social [1], des *Amis-Réunis* ; et c'est dans une de ces Loges qu'Adrien Duport écrivit le plan d'attaque à suivre pour renverser la Royauté [2].

La Franc-Maçonnerie avait préparé le *grand mouvement de 1789* : lorsqu'il eut lieu, on retrouva ses auteurs sur les bancs de l'Assemblée Constituante, de la Législative et de la Convention.

« Les trois quarts de l'Assemblée nationale appartenaient à la Franc-Maçonnerie, dit à ce propos un haut dignitaire des Loges, et je ne crois pas que

1. « Je crois indispensable la division du rite de 30 degrés. C'était celui que pratiquaient mon père et mon oncle, membres de la Loge *le Contrat-Social*, où s'est préparée et d'où est sortie la révolution de 89, par laquelle notre devise a été dévoilée au monde entier et est devenue le mot d'ordre de tous les peuples secouant le joug de l'esclavage physique ou moral. » (F.·. DE LA COUR —*Bulletin du G.·. O.·. de France*, sept. 1872, n° 7, p. 311.)

2. Voir BARRUEL, *Mémoires du Jacobinisme*, t. IV, c. XI.— DESCHAMPS, *les Sociétés secrètes*, t. III, p. 546, 563, 1re édit.— E. SPULLER, *Conférences populaires*, VIIIe conférence, p. 183 : « La Maçonnerie avait ouvert une Loge très célèbre, qui reçut Voltaire quand il revint à Paris pour y mourir, qu'on appelait la Loge des *Neuf-Sœurs*, et *à laquelle appartenaient les hommes qui ont le plus marqué dans la révolution française.* »

l'on puisse citer UN SEUL conventionnel qui ne dût son mandat à sa qualité d'adepte [1]. »

Et en 1790, nous lisons dans la *Chronologie de l'histoire de la Franc-Maçonnerie* (t. Ier, p. 184) :

« Les travaux maçonniques languissent en France. *Les Frères, entraînés par les affaires publiques,* négligent les assemblées. »

Les journées d'août et de septembre, la Terreur, les exécutions de la place de la Révolution à Paris, les mitraillades de Lyon, les fusillades de Marseille, les mariages républicains de Nantes, les colonnes infernales de la Vendée : voilà donc un rapide aperçu de ce que la France doit à la Maçonnerie, puisque c'est sous le règne de la Convention que toutes ces horreurs se passèrent, et qu'au rapport d'un rose-croix pas UN SEUL conventionnel qui ne fût franc-maçon !

1. *La Franc-Maçonnerie, révélations d'un rose-croix,* p. 50. Nous ajoutons foi très volontiers à cet ouvrage en ce qui concerne le passé, parce que, dans ses premières éditions, l'auteur, parfaitement au courant de ce qui se tramait dans les arrière-loges, a annoncé, sans se tromper, ce qui devait arriver en 1876 et en 1877, et ce à quoi nous avons en effet tous assisté.

III

La Franc-Maçonnerie sous l'Empire.

Lorsque la France écœurée s'en remit à un soldat du soin de venger son honneur; lorsqu'elle lui demanda, en retour d'une couronne, un peu de repos à l'ombre d'une épée, la Franc-Maçonnerie regagna ses mystérieuses retraites.

Rentrée dans ses Loges, elle ne s'occupa plus en apparence que de secours mutuels à assurer à tous ses membres [1]; mais de fait elle continua d'être, suivant le mot d'un de ses adeptes, Félix Pyat, « l'Église de la Révolution ». Elle acheta à prix de bassesses et de soumission hypocrite le droit de s'augmenter dans l'ombre.

« Le gouvernement impérial, dit le F.·. Bazot, se servit de son omnipotence, à laquelle tant d'institutions d'hommes cédèrent si complaisamment, pour dominer la Maçonnerie. Elle ne s'effraya ni ne se révolta... Que désirait-elle en effet ? Étendre son empire.

« ELLE SE LAISSA FAIRE SUJETTE DU DESPOTISME,

1. Voir *Bulletin du G.·. O.·.*, nov. 1873, p. 480.

POUR DEVENIR SOUVERAINE. » (*Code des F.·. M.·.,* p. 183.)

La Franc-Maçonnerie se mit donc à genoux devant le César couronné; elle protesta de son inaltérable dévouement à la dynastie impériale; elle reçut de la main de « S. M. l'Empereur et Roi » tous ses grands dignitaires.

« Il a comblé de joie tous les Maçons, disait-elle à Cambacérès, le 27 avril 1807, en leur donnant pour chefs les membres de son auguste famille, et en confiant à Votre Altesse Sérénissime la surveillance immédiate des travaux. Le souvenir d'un tel bienfait sera à jamais gravé dans tous les cœurs. » (*Hist. de la fondation du G.·. O.·. de France*, p. 112.)

La Franc-Maçonnerie eut en effet pour grand maître le roi Joseph; pour grands maîtres adjoints, Cambacérès et Murat; pour grands officiers, Kellermann, Lacépède, l'amiral Ganteaume, Siméon, Regnault de Saint-Jean-d'Angély, Caulaincourt, le comte Rampon, Beurnonville, Bernadotte, le prince Eugène, Macdonald, Fouché, Augereau, Sébastiani, Lefebvre, Sérurier, Brune, Mortier, Junot, Soult, Chaptal, Laplace, Oudinot, etc., etc... (Voir le *Calendrier maçonnique de l'an* 5814, ère vulgaire 1814.)

A ce prix, elle conquit le droit de devenir

belle et florissante, d'ouvrir des ateliers ma-
gnifiques et nombreux, et de recruter partout
des adeptes. Elle flatta le maître : elle appela
une Loge *la Napoléomagne*, une autre *la Caro-
line* (avec Murat pour président d'honneur),
une troisième *la Joséphine*, celle-ci *la Marie-
Louise*, celle-là *Fidélité-à-Napoléon-le-Grand*[1],
et put arriver ainsi à compter, à Paris seulement, jusqu'à plus de 90 centres de réunion,
sans exciter aucun soupçon. Elle se faufila en
même temps dans l'armée, en enrôlant d'abord
les officiers et en fondant ensuite par ces affiliés des Loges dans les régiments, comme elle
l'avait fait avant la Révolution[2]. C'était, sem-
blait-il, l'âge d'or revenu pour la Maçonnerie,
et les Frères devaient soutenir Napoléon
plutôt que désirer sa ruine. Il n'en fut rien
cependant : les Loges avaient en vue une forme
de gouvernement qui n'était pas l'Empire.
Elles assistèrent avec joie à sa chute, si tant
est qu'elles n'y aidèrent pas un peu ; et le len-

1. Voir le *Calendrier maçonnique*, an 5814 (1814),
p. 302, 311, 315, 344, 384, etc...
2. C'est ainsi qu'en 1810 nous avons compté dans
une seule Loge, *l'Unité*, de Belle-Isle-en-Mer, 73 militaires
sur 90 membres. (*Tableau de la* R.˙. L.˙. *l'Unité*, à
Lorient, imprimerie du F.˙. Le Coat Saint-Haouen). Quatre ans plus tard, le *Calendrier maçonnique* nous révèle
l'existence de Loges particulières dans 75 régiments différents. (P. 408 et suiv.)

demain du jour ou le colosse fut renversé, on les vit aussi humbles aux pieds des vainqueurs qu'elles l'avaient été devant le trône du guerrier qui partait pour l'exil.

IV

La Franc-Maçonnerie sous la Restauration.

« Quoiqu'il eût déployé en faveur de Napoléon Ier le luxe d'adulations que nous avons signalé, dit le *Bulletin du G.·. O.·. de France* (nov. 1873, p. 480 et suiv.), le Grand Orient n'avait pu rendre la Maçonnerie plus agréable à l'Empereur... »

« Aussi, poursuit l'organe officiel des Loges, à la chute du premier Empire, ne fut-il pas le dernier à renverser la statue de l'idole qu'il avait encensée. Il déclara déchu de la grande maîtrise le prince Joseph Napoléon, et se hâta d'exalter les bienfaits du nouveau gouvernement et la gloire de l'auguste famille restaurée sur le trône de France. La fête d'Ordre du 28 juin 1814 est *un triste monument de la versatilité des manifestations politiques du sénat maçonnique ;* mais il devait être bientôt suivi d'autres PALINODIES. Au retour de l'île d'Elbe, le Grand Orient réinstalla son grand maître et retrouva tout

son enthousiasme impérial, comme aussi après les
cent-jours les sentiments royalistes firent une seconde fois leur apparition. Ce fut alors pour une
durée de quinze années.

« La grande maîtrise fut de nouveau déclarée va-
cante, et les intérêts de l'Ordre furent confiés à une
commission de trois grands conservateurs. Ces fonctions furent exercées par les Frères : maréchal
Macdonald, duc de Tarente ; général marquis de
Beurnonville, et général Timbrune, comte de Valence. Le F.·. Roëthers de Montaleau fut nommé
leur représentant.

« Le Grand Orient s'empressa de souscrire pour
l'érection de la statue de Henri IV, par le don d'une
somme de 5,000 francs ; et il invita ses Loges à
coopérer à cette œuvre patriotique : car, dit-il dans
sa circulaire du 11 mai 1814 : « Sans jamais s'im-
« miscer dans les affaires publiques, il n'a jamais
« laissé échapper l'occasion de manifester les senti-
« ments français qui l'animeront toujours pour le bon-
« heur et la gloire de la patrie ; et, joignant les exem-
« ples au précepte, il a toujours célébré les époques
« mémorables, soit du triomphe de la vertu, soit de
« celui de nos braves phalanges, tantôt par des fêtes
« modestes, et le plus souvent par des actes de bien-
« faisance. Pourrait-il rester muet aujourd'hui, au
« milieu de l'allégresse générale, des acclamations
« de l'amour et de la piété filiale, qui ont signalé le
« retour du monarque que le Grand Architecte de l'u-
« nivers nous a conservé et rendu? »

« Dans certains Orients, les Loges se fermèrent par prudence devant les démonstrations hostiles de la multitude ameutée par le clergé et les légitimistes ; dans d'autres, elles continuèrent leurs travaux en arborant la nouvelle couleur nationale. Ainsi les Loges de Caen, de Falaise, de Pont-l'Évêque et des environs se réunirent au mois de juillet 1814, pour célébrer le retour de Louis XVIII et de la famille royale. Une fête brillante succéda aux travaux, qui furent terminés par *un serment unanime de défendre les lys et de mourir pour le maintien de la famille des Bourbons.*

« Déjà le 16 avril, les Loges de Marseille, donnant le premier exemple d'une procession publique de Francs-Maçons en France, avaient promené dans la ville en grande cérémonie un buste du roi, et l'avaient placé dans leur temple. »

Mais toutes ces protestations d'amour n'étaient que mensonge et hypocrisie.

Le but politique où tendait la Franc-Maçonnerie était l'établissement de la république en France, et bientôt après dans tous les pays de l'Europe. Comme la main de fer de Napoléon ne se faisait plus sentir, elle ne tarda pas à avouer ce but, et, dès 1823, on put lire dans la *Revue maçonnique,* manuel pour les Frères : « La Maçonnerie ne doit pas se borner à inculquer aux F∴ des idées étroites de politique. L'organisation de cette *institution républicaine et sociale doit servir de modèle* aux nouveaux régimes politiques. » Néanmoins, habituée à se servir de tous les masques, elle n'hésita pas à garder quelque temps encore celui du royalisme. Mais elle l'échangea bientôt pour un autre : l'opposition gagnait du terrain ; elle se fit opposante, sans cependant renoncer à son hypocrite silence.

C'est que, suivant M. Spuller, à qui nous allons emprunter une partie de ce chapitre, parce que son témoignage ne peut pas être suspect, « sous la Restauration, il était bien difficile de se dire républicain... Si on ne l'osait pas, ce n'était pas que le courage manquât ; mais les jeunes républicains d'alors craignaient de dévoiler leur petit nombre, et d'ailleurs ils avaient à cœur de ne pas entraver la formation d'associations naissantes, sur l'action desquelles ils comptaient beaucoup, et d'où devait sortir le parti militant.

« Toutefois, la première de ces associations que l'on puisse citer, et qui contient tout ce qu'il y avait alors de républicains reconnus, déclarés et actifs, *c'est la Loge maçonnique des Amis-de-la-Vérité* [1]. »

Ces ardents républicains cherchèrent à faire quelques adhérents. Cependant, pleins d'une

---

1. E. Spuller, *Conférences populaires*, viiie conf., p. 182.

louable prudence, ils s'efforçaient, autant que possible, de n'avancer qu'à coup sûr ; mais, malgré tout, l'attention du parquet fut éveillée : il y eut des poursuites, et la Loge dut se dissoudre.

Ses chefs se réfugièrent en Italie ; mais l'un d'eux, « M. Dugied ne tarda pas à rentrer en France, rapportant sous ses habits le ruban tricolore d'affiliation à la Charbonnerie italienne, et dans sa poche les statuts de cette association fameuse. Retrouvant ses amis de la Loge des *Amis-de-la-Vérité*, il les assembla dans sa petite chambre d'étudiant..., et on décida la création d'une association semblable à celle des *Carbonari* de la Péninsule[1]. »

Ainsi donc, de l'aveu même de l'auteur que nous citons et qui ne parle certes pas pour compromettre la Franc-Maçonnerie, c'est à une Loge, aux *Amis-de-la-Vérité*, que nous devons la Charbonnerie française[2].

---

1. E. Spuller, p. 184, 185.

2. Le F.·. Blumenhager reconnaît aussi que « les carbonari sont les enfants pervers de la Maçonnerie » ; et l'on sait la parole célèbre de l'un des chefs de la révolution, qui appelait la Maçonnerie « l'antichambre des sociétés secrètes ». Quant au *Bulletin du G.·. O.·.*, voici ce qu'il déclare dans le numéro de juillet 1869, p. 352 :

« Philosophique avant la révolution, civique sur les bancs de la Constituante et de la Convention, elle devient militaire lorsque l'intégrité du sol est menacée. C'est alors

Or qu'était-ce que la Charbonnerie française ?

« C'était la plus formidable société secrète que ce pays ait connue [1]. »

M. Spuller le confesse sans ambages, et nos lecteurs seront certainement de son avis, quand ils connaîtront la puissante organisation de cette redoutable secte.

La base de la Charbonnerie était les *ventes* particulières, groupes de vingt personnes, dont les délégués formaient les *ventes* centrales. Au-dessus de celles-ci se trouvait la *haute vente*, composée de personnes qui n'étaient connues qu'entre elles, et qui donnaient le mot d'ordre à tous les affiliés.

Comme la Franc-Maçonnerie, la Charbonnerie était républicaine ; « mais, dit M. Spuller, elle ne pouvait pas l'avouer, sous peine de se voir privée du concours de tous les officiers en demi-solde, dont elle comptait se servir contre les Bourbons. Les fondateurs furent donc

que se forment et se multiplient les Loges des régiments ; et c'est un fait bien digne de remarque que sous l'Empire, lorsque tout est à la guerre, c'est précisément au milieu même de l'armée que nos doctrines pacifiques semblent s'être réfugiées.

« Pendant la Restauration, il faut le reconnaître, la Maçonnerie se trouve mêlée directement à la politique, et le carbonarisme envahit le plus souvent la les Loges. »

1. E. SPULLER, p. 184.

obligés de dissimuler leurs espérances et de taire le grand nom de la République... *C'était bien la République que l'on cherchait à fonder, mais... le mot lui-même n'était pas prononcé[1].*»

Cependant « on comprit qu'il était nécessaire de s'adjoindre des hommes en crédit, en possession d'une action efficace sur l'opinion publique, qui pourraient au besoin se nommer et *couvrir de leur autorité les actes de l'association. Quant aux organisateurs, ils devaient continuer à rester dans l'ombre, afin de manier plus librement les éléments dont ils disposaient[2]. »*

Ce comité de chaperons se composa de Voyer d'Argenson, de Lafayette, de Dupont (de l'Eure), de Manuel, de Kœchlin, de Schonen, de Mauguin, de Barthe, etc[3].

Malheureusement pour les affiliés à la Charbonnerie, il ne fit pas tout ce qu'on attendait de lui. Mais il servit cependant d'une façon inconsciente la cause de la République, et ce fut à lui que l'émeute de Juillet dut son triomphe. « Il avait été dit, du temps de la Charbonnerie, que *chaque membre* de l'association *devait avoir un fusil de munition et vingt-cinq cartouches.* Lorsque parurent au *Moniteur* les ordonnances

---

1. E. SPULLER, *Conf. popul.*, p. 187, 188.
2. E. SPULLER, *Conf. popul.*, p. 190.
3. E. SPULLER, *Conf. popul.*, p. 191, 192.

de Juillet, Paris se trouva debout, et la France aussi, derrière Paris : la Royauté était perdue [1]. »

Oui, la Royauté était perdue, et elle était perdue par la Franc-Maçonnerie. Non contente d'avoir ourdi en secret pendant quinze ans et avec une audace de plus en plus croissante le complot qui devait rouvrir aux Bourbons le chemin de l'exil, elle hâta encore le départ de Charles X.

Disons mieux, ce fut elle qui, par l'organe du maréchal Maison, un de ses membres, trompa impudemment le vieux roi et le chassa de son royaume.

1. E. SPULLER, *Conf. popul.*, p. 193. « Le Grand Orient pouvait citer avec orgueil, parmi les Maçons qui appartenaient à ses ateliers, les Fr.·. Berville, Dupin jeune, Ragon, Bezuchet, Bouilly, Bazot, Febvé, Dupaty, Jay, Lefebvre d'Aumale, Désaugiers, Borie, Bouillet, Lacépède, Tissot, etc.

« Garnier-Pagès était vénérable des *Neuf-Sœurs*...

« Le 16 octobre 1830, le G.·. O.·. de France et le Suprême Conseil, fraternellement réunis *sous l'influence du triomphe de nos idées*, offrirent une fête maçonnique au général Lafayette. » (*Bulletin du G.·. O.·. de Fr.*, novembre 1873, p. 488, 489.)

V

La Franc-Maçonnerie
sous le gouvernement de Juillet.

La monarchie de Juillet venait d'être faite par les Loges : car, comme nous l'avons vu, tous les chefs de la révolution de 1830, Lafayette, Laffitte, Dupont (de l'Eure), Schonen, Gérard, Maison, Mérilhou, Teste, Labbey de Pompières, Alex. de Laborde, Garnier-Pagès, Dupin aîné, Philippe Dupin et bien d'autres encore appartenaient à la Maçonnerie et au carbonarisme.

Mais le triomphe dura peu : les vrais chefs s'étaient trouvés joués cette fois par ceux qui d'ordinaire sont leurs dupes, et dont ils ne voulaient se servir qu'afin de combattre avec moins de danger. Ils n'étaient pas hommes à dévorer en silence l'outrage de cette surprise, et ils ne songèrent plus qu'à se venger.

« Godefroy Cavaignac et ses amis, dit l'auteur que nous avons cité plus haut, virent bientôt qu'il était nécessaire de reprendre la politique d'action, afin de réparer la cruelle déception de 1830. Une occasion se présenta presque aussitôt. Le 20 septembre

1830, jour anniversaire de la mort des quatre sergents de la Rochelle, la Loge des *Amis-de-la-Vérité*, qui s'était rouverte après la révolution de Juillet, forma le projet de se rendre à la place de Grève, pour y porter un hommage de respect et de reconnaissance à la mémoire des victimes les plus populaires de la Restauration... M. Buchez prononça sur la place de Grève un discours éloquent et digne, d'une grande modération, mais d'une grande fermeté, dans lequel il rappela par qui la révolution de Juillet avait été faite, et comment le peuple, qui l'avait faite, était menacé d'en perdre les fruits [1]. »

La Franc-Maçonnerie donnait donc de nouveau le signal de l'attaque. Elle chercha des assaillants ; et, comme elle avait constitué sous la Restauration une armée au moyen des affiliés à la Charbonnerie, elle se préoccupa de fonder des sociétés secrètes où elle trouverait encore des janissaires à ses ordres. *Les Amis-du-Peuple* furent créés. Traqués presque aussitôt, ils furent condamnés et disparurent en apparence. — Mais la *Société des Droits-de-l'Homme* naquit de leurs cendres, et le gouvernement de Juillet n'y gagna rien.

En effet, « cette société se donna... pour mission de recommencer ce que les sociétés dis-

---

1. E. Spuller, *Conf. popul.*, p. 199, 200.

soutes et dispersées avaient fait auparavant, c'est-à-dire de renouer les fils d'une vaste association destinée à couvrir tout le territoire, en étendant ses ramifications dans toutes les villes républicaines de France. *On se donna ainsi pour tâche de visiter les ateliers, et de préparer un coup de main pour le jour où, une bonne occasion se présentant, on pourrait livrer l'assaut à la Royauté* [1]. »

La bonne occasion se présenta au commencement de l'année 1848 : l'assaut fut livré, et le roi Louis-Philippe fut chassé de son trône par les Loges, de la même manière qu'elles en avaient chassé son royal prédécesseur.

Les héros de Février, comme ceux de Juillet, étaient tous Francs-Maçons. (ECKERT, *la F∴ M∴ dans sa véritable signification*.)

VI

La Franc-Maçonnerie en 1848.

Pendant que les F∴ F∴ Crémieux, Cavaignac, Caussidière, Ledru-Rollin, Louis Blanc, Proudhon, Marrast, Marie, Vaulabelle, Villain,

---

1. E. SPULLER, *Conférences populaires*, p. 217.

Pyat, intronisaient, au sortir des Loges ¹, la République en France, d'autres F∴ cherchaient à ébranler le trône des monarques voisins.

Nous n'avons pas à rappeler ici ce qu'ils firent à Vienne, à Naples et à Berlin.

Nous nous occupons spécialement de la France, et il nous suffira d'indiquer la part que la Maçonnerie prit chez nous à l'établissement et à la reconnaissance de la seconde République.

Le 10 mars 1848, trois cents Maçons se réunirent sur la place de la Bourse. Ils déployèrent un drapeau surmonté des attributs maçonniques et portant cette inscription : FRANCS-MAÇONS, puis se rendirent à l'hôtel de ville, pour y offrir leur bannière au Gouvernement provisoire.

« Citoyens membres du Gouvernement provisoire, dit le F∴ Jules Barbier à cette occasion, une réunion de Francs-Maçons qui *appartiennent indistinctement à tous les rites*, vient se présenter devant vous avec le tablier pour insigne, c'est-à-dire avec le symbole de l'Égalité et du Travail.

« *Nous sommes tous en effet des ouvriers travaillant avec une ardeur égale à la construction d'un édifice social* où chacun ait sa part du bonheur qui lui est dû. Habitués à voir des frères dans tous les

1. Voir DESCHAMPS, *les Sociétés secrètes*, t. III, p. 252.

hommes, pénétrés de la sublimité de cette parole divine : « Aimez-vous les uns les autres », nous saluons des acclamations les plus vives le gouvernement républicain, qui a inscrit sur la bannière de la France cette triple devise, *qui fut toujours celle de la Maçonnerie* : LIBERTÉ, ÉGALITÉ, FRATERNITÉ.

« Oui, citoyens, notre modeste bannière est celle de l'union, de la sympathie entre tous les Français comme entre tous les peuples. C'est à ce titre que nous venons l'offrir au Gouvernement provisoire, au cri de : *Vive la République!* »

M. de Lamartine répondit à ce discours : « Je n'ai pas l'honneur de savoir la langue particulière que vous parlez. Cependant je connais assez l'histoire de la Franc-Maçonnerie pour être convaincu que *c'est du fond de vos Loges que sont émanés, d'abord dans l'ombre, puis dans le demi-jour, et enfin en pleine lumière, les sentiments qui ont fini par faire la sublime explosion dont nous avons été témoins en 1789, et dont le peuple de Paris vient de donner au monde la seconde, et, j'espère, la dernière représentation, il y a peu de jours* [1]. »

« Ce n'était pas assez, dit Mgr Dupanloup [2], et la Maçonnerie voulut faire une manifestation plus officielle encore que cette démons-

1. *Le Franc-Maçon*, livraison de juillet 5848, p. 33.
2. *Étude sur la Franc-Maçonnerie*, p. 77.

tration spontanée des Francs-Maçons *de tous les rites*. En conséquence, quinze jours plus tard, une nouvelle députation, composée des membres du Grand Orient, revêtus de leurs cordons maçonniques, se rendait à l'hôtel de ville. Elle fut reçue par M. Crémieux et par M. Garnier-Pagès, également revêtus de leurs cordons maçonniques. Le représentant du grand maître porta la parole et dit :

« La Maçonnerie française n'a pu contenir l'é-
« lan universel de sa sympathie pour le grand mou-
« vement national et social qui vient de s'opérer...
« Les Franc-Maçons saluent *le triomphe de leurs prin-*
« *cipes*, et s'applaudissent de pouvoir dire que *la pa-*
« *trie tout entière a reçu par vous la consécration ma-*
« *çonnique*. QUARANTE MILLE FRANCS-MAÇONS, RÉ-
« PARTIS DANS CINQ CENTS ATELIERS, N'ONT QU'UN
« CŒUR ET QU'UNE AME POUR VOUS ACCLAMER. »

Le F∴ Crémieux, membre du Gouvernement provisoire, remercia les manifestants en ces termes :

« Citoyens et Frères du Grand Orient, le Gou-
« vernement provisoire accepte avec plaisir votre
« UTILE et COMPLÈTE adhésion.... LA RÉPUBLIQUE
« EST DANS LA MAÇONNERIE.... LA RÉPUBLIQUE
« FERA CE QUE FAIT LA MAÇONNERIE : elle devien-
« dra le gage éclatant de *l'union des peuples sur*

« *tous les points du globe*, sur tous les côtés de
« notre triangle. »

Ces discours prouvent-ils, oui ou non, que
la Maçonnerie fit au moins de la politique ce
jour-là?

VII

La Franc-Maçonnerie sous l'Empire
et au 4 Septembre.

La Franc-Maçonnerie se conduisit pendant
le second Empire comme pendant le premier :
elle se soumit pour s'étendre.

Elle reçut pour grands maîtres, des mains
de Napoléon III, le prince Murat, le maréchal
Magnan et le général Mellinet, comme elle
avait reçu des mains de Napoléon Ier le roi
Joseph et Joachim Murat.

Mais ces grands maîtres officiels ne savaient
rien, parce que la Franc-Maçonnerie ne livre
pas ses secrets à ceux qu'on lui impose pour
chefs apparents, et sous le manteau desquels
les vrais maîtres de l'Ordre font mouvoir dans
l'ombre tous les ressorts.

« Il y a tel Maçon, disait Draeske à la Loge de Brême en 1849, qui ne parviendra jamais à connaître notre secret, pas même par les Loges et nonobstant tous ses grades : *ce n'est qu'un profane, fût-il assis à l'Orient du Temple* ET FUT-IL REVÊTU DES INSIGNES DE GRAND MAITRE. »

Et un autre F.·. s'écriait dans un discours récent :

« Nous voyons chaque jour des troisièmes grades ou degrés qui n'auront jamais du maître que le cordon de soie ou le tablier brodé [1]. »

Les grands maîtres donnés par les deux Empires à la Franc-Maçonnerie furent de ces Maçons enseignes que l'on orne du tablier, mais auxquels on ne donne rien de plus.

Aussi, lorsque le peuple redescendit dans la rue, le 4 septembre 1870, la Franc-Maçonnerie se retrouva-t-elle à son poste, au premier rang de l'émeute, sans que ses prétendus chefs pussent l'arrêter.

« Presque tous les envahisseurs de l'hôtel de

---

1. *De l'Utilité des chapitres et des conseils*, par le F.·. ALF. SABATIER, 30e président du Souv.·. Cons.·. des Kad.·. de *la Clémente-Amitié*, p. 14.

ville, dit un témoin entendu dans l'enquête parlementaire [1], étaient Francs-Maçons... »

Un autre ajoute :

« Trois éléments me semblent avoir, dès l'origine, entravé la défense nationale et finalement préparé les événements du 18 mars. Ces trois éléments sont :

« LES LOGES MAÇONNIQUES DE PARIS ;

« Les socialistes connus sous le nom de *positivistes* ;

« L'Internationale.

« ... Les Francs-Maçons *se mirent dans toutes les commissions*, même parmi les délégués de la boucherie, avec des membres de l'Internationale. On pérorait dans les Loges, on paradait dans les enterrements, on siégeait dans les commissions municipales et gouvernementales : toute idée de défense nationale était mise de côté [2]. »

Veut-on une preuve plus péremptoire encore de la part que la Franc-Maçonnerie prit dans cette révolution ?

Le 4 septembre 1870, à 6 h. 50 du soir, partait de Paris la dépêche suivante :

Gouvernement provisoire à préfets, sous-préfets,

1. Déposition de M. Read, conservateur du Musée municipal, t. II, p. 267.
2. Dép. de Bourgoin, t. IV, p. 538.

gouverneur général de l'Algérie, généraux, et à toutes les stations télégraphiques de France [1] :

« La dynastie impériale a cessé d'exister. La population, depuis, a prononcé sa déchéance et proclamé la République. Un gouvernement national de défense, composé des députés élus à Paris dont les noms suivent, a été installé : Arago, Crémieux, J. Favre, J. Ferry. Gambetta, Garnier-Pagès, Glais-Bizoin, Picard, Pelletan, Rochefort, Jules Simon.

« *Signé :* AL. GLAIS-BIZOIN. »

Or, à l'exception d'un seul, TOUS les membres du nouveau gouvernement étaient Francs-Maçons.

Le 31 octobre, les délégués des Loges les plus avancées étaient parmi les insurgés.

Un d'entre eux, qui se trouvait à la gauche du colonel Dauvergne lorsque les salles furent envahies, ouvrit son paletot et fit voir au brave soldat un large ruban rouge sur lequel étaient brodés des signes maçonniques [2].

Enfin, quand la France épuisée conjura les « fous furieux » qui l'avaient conduite à sa ruine de ne pas persister plus longtemps dans une politique qui ne pouvait aboutir qu'au dé-

1. *Enquête parlementaire sur les actes du gouvernement du 4 Septembre.* — *Dépêches officielles*, t. II, p. 209.

2. Voir la déposition du colonel Dauvergne, *Enquête parlementaire*, t. II, p. 297.

membrement du pays, il se trouva une Loge pour écrire l'adresse suivante :

« Au citoyen Gambetta, ministre de la guerre, R... F...

« Le temps des phrases doit être remplacé par celui des actes.

« La Loge Or∴ de Clermont-Ferrand, réunie en séance extraordinaire, le 8 janvier 1871 (E∴ V∴)

« Vient vous dire qu'en présence des tristes événements qui affligent la France, seuls les moyens extrêmes peuvent encore sauver son honneur et son indépendance. Pas de découragement ! *prenez de suite la dictature*. Vous n'avez plus le droit de reculer. Plus de demi-mesures ! Ordonnez la levée en masse : les hommes valides répondront à votre appel.

. . . .

« Comptez sur vos F∴ F∴, comme ils comptent sur vous.

« Vu et approuvé par la Loge :

« *Les Enfants de Gergovie*,

« Le Vén∴ LALANDIER [1]. »

---

1. *Enquête parlementaire. — Dép. télégr.*, t. I, p. 538.

VIII

La Franc-Maçonnerie sous la Commune.

La Commune vit aussi les Francs-Maçons venir à elle.

« Le grand *Journal officiel* a raconté cette manifestation ; le F.·. Thirifocq, un des principaux auteurs de la manifestation, l'a racontée de son côté... Pas de doute possible sur l'esprit dont elle était animée. J'abrège les détails : je vais de suite au fait capital.

« Le 29 avril donc [1], sur un appel fait à toutes les Loges de Paris, une foule immense de Francs-Maçons, déployant *soixante-deux* bannières maçonniques, se rendit de la cour du Louvre à l'hôtel de ville, précédée par cinq membres de la Commune.

---

1. Le 26 avril, dans une réunion préparatoire de la grande manifestation du 29, le citoyen Lefrançais, membre de la Commune, avait fait la déclaration que voici : « J'étais de cœur avec la Maçonnerie, lorsque j'ai été reçu dans la Loge 133, une des plus républicaines, et je me suis assuré que LE BUT de la M.·. et de la Commune *était le même*. » Note de Mgr DUPANLOUP, d'après le F.·. THIRIFOCQ.

« La Commune tout entière se présente au balcon d'honneur pour les recevoir.

« La statue de la République était là, ceinte d'une écharpe rouge et entourée par les trophées des drapeaux de la Commune. Les soixante-deux bannières maçonniques vinrent se placer successivement sur les marches de l'escalier ; les Frères se massèrent dans la cour.

« Dès que cette cour fut pleine, dit le *Journal officiel*, les cris : *Vive la Commune! vive la Maçonnerie! vive la République universelle!* se firent entendre de tous côtés [1]. »

Puis le F.˙. Thirifocq [2] fit le discours suivant :

« CITOYENS FRÈRES,

« Je suis du nombre de ceux qui ont pris l'initiative d'aller planter l'étendard de la paix sur nos remparts, et j'ai le bonheur de voir à leur tête la bannière blanche de la Loge de Vincennes, sur aquelle sont inscrits ces mots : AIMONS-NOUS LES UNS LES AUTRES.

« Nous irons présenter cette bannière la pre-

1. Mgr DUPANLOUP, *Étude sur la Franc-Maçonnerie*, p. 79.
2. Le F.˙. Thirifocq fut condamné pour participation à la Commune, mais il a été compris dans l'amnistie.

mière devant les rangs ennemis ; nous leur tendrons la main, puisque Versailles n'a pas voulu nous entendre. Oui, citoyens Frères, nous allons nous adresser à ces soldats et nous leur dirons :

« Soldats de la même patrie, venez fraternise
« avec nous : nous n'aurons pas de balles pour vous
« avant que vous ne nous ayez envoyé les vôtres.
« Venez nous embrasser, et que la paix soit faite.

« Si cette paix s'accomplit, nous rentrerons dans
« Paris bien convaincus que nous aurons remporté
« la plus belle des victoires, celle de l'humanité.

« Si, au contraire, nous ne sommes pas entendus
« et si l'on tire sur nous, *nous appellerons à notre*
« *aide toutes les* VENGEANCES. Nous sommes certains
« que nous serons écoutés, et que la Maçonnerie de
« toutes les provinces de la France suivra notre
« exemple ; nous sommes sûrs que sur chaque point
« du pays où nos Frères verront des troupes se diriger
« sur Paris, ils iront au-devant d'elles pour les
« *engager à fraterniser.*

« Si nous échouons dans notre tentative de paix,
« et si Versailles donne l'ordre de ne pas tirer sur
« nous, pour ne tuer que nos Frères sur les remparts,
« alors *nous nous mêlerons à eux*, nous qui n'avions
« pris jusqu'ici le service de la garde nationale que
« comme un service d'ordre, ceux aussi qui n'en fai-
« saient pas partie, comme ceux qui étaient déjà
« dans les rangs de la garde nationale, et tous
« ensemble *nous nous joindrons aux compagnies de*
« *guerre, pour prendre part à la bataille et encourager*

« *de notre exemple les courageux et glorieux défen-*
« *seurs de notre ville...*

« Maintenant, citoyens, plus de paroles ! à l'ac-
« tion [1] ! »

Les *dix mille* Francs-Maçons qui faisaient
partie de cette manifestation, descendirent
ensuite la ligne des boulevards, et se dirigèrent
à travers les Champs-Élysées vers les remparts.

Ils y plantèrent les soixante-deux bannières
maçonniques, et parlementèrent avec les généraux pour obtenir *une paix basée sur le programme de la Commune.*

Cette négociation est ainsi racontée par un
Franc-Maçon :

« Le groupe principal des délégués, au nombre de
quarante environ, franchit les travaux de la porte
Maillot et s'avance, bannières en tête, par la grande
avenue de Neuilly, sur la barricade versaillaise du
pont de Courbevoie. On les suit des yeux avec
angoisse. Mais décidément les canons de Versailles
ont suspendu leur feu.

« Au pont, le général*** reçoit les délégués et les
conduit au général commandant supérieur des
opérations sur ce point. Trois délégués seulement,

---

1. *Appel aux Francs-Maçons de tous les rites*, par le
F∴ THIRIFOCQ.

les Frères Thirifocq, Fabrequette et Levacque, eurent
la permission de passer, les yeux bandés, les lignes
versaillaises. Le *général****, *Franc-Maçon lui-même*,
accueillit ses frères avec déférence, courtoisie, et par
les saluts maçonniques; mais il leur déclare qu'il
n'est que le soldat, le bras qui exécute. *Il a pu*
prendre sur lui d'arrêter le feu, à la vue des
bannières maçonniques; mais il n'a pas le pouvoir
d'accorder une trêve bien longue.

« Il engage donc les Frères à envoyer des députés
à Versailles.

« Il met une voiture à leur disposition, et deux
des dignitaires se mettent aussitôt en route pour
aller trouver le chef du pouvoir exécutif. Vers cinq
heures trente minutes du soir, le feu cesse défini-
tivement du côté de Versailles. On parlemente, et
les deux délégués de la Franc-Maçonnerie se rendent
à Versailles. Il est convenu de part et d'autre que
le feu ne pourra être repris qu'après le retour des
délégués [1]. »

La négociation ne réussit pas.

Les F∴ Maçons, au nombre de 5,000, déci-
dèrent alors, à l'hôtel de ville d'abord, au
cirque Napoléon ensuite, « que l'on exécute-
rait le décret de la Commune sur la levée d'hom-

1. *Les Francs-Maçons et la Commune de Paris. Du*
rôle qu'a joué la Franc-Maçonnerie pendant la guerre
civile, par un Franc-Maçon, M∴, p. 34, 35, 36.

mes de 19 à 40 ans, mariés ou non mariés ;
que tous les Francs-Maçons... combattraient
dans les rangs des fédérés, répartis dans les
bataillons avec leurs bannières déployées..., et
qu'on répondrait armes par armes » aux Ver-
saillais [1].

1.   « Monsieur Olivier,

« Veuillez bien m'excuser près de la compagnie, si je ne
suis pas parmi vous : nos réunions ont lieu tous les jours;
nous avons encore trois journées à consacrer à ces travaux.

« Voici celle d'hier ; veuillez, je vous prie, en donner
connaissance :.

« Délibéré : 1. Fusion des Francs-Maçons et des Com-
« pagnons du Devoir de toutes les corporations, quelles
« qu'elles soient.

« Au nombre de 5,000 environ, il a été décidé à l'hôtel
« de ville, et ensuite au cirque Napoléon, que l'on exécu-
« terait le décret de la Commune sur la levée d'hommes
« de 19 à 40 ans, mariés ou non mariés.

« 2. Tous les Francs-Maçons, ex-Compagnons du Devoir,
« équipés et habillés, d'ici à vendredi, nous combattrons
« dans vos rangs, répartis dans tous les bataillons, avec
« nos bannières déployées. Notre devise est: Vaincre ou
« Mourir. Attendu que toutes les démarches faites à Ver-
« sailles n'ont abouti à rien, nous répondrons armes par
« armes, et du droit sortira la victoire. Le sang si précieux
« qui coule se payera cher.

« 3. Nous avons été acclamés sur le passage des bou-
« levards par une foule immense.

« 4. Ces deux décrets ont été votés à la majorité abso-
« lue. Réunion vendredi au cirque, en tenue de garde natio-

De plus, « un appel aux armes fut lancé, au moyen de ballons, *par la Fédération des Francs-Maçons et Compagnons de Paris*, à tous les Francs-Maçons des départements.

« Cet appel aux armes se terminait par ce cri : *Vive la République ! vivent les communes de France fédérées avec celle de Paris* [1] ! »

Il était naturel que la Franc-Maçonnerie appuyât la Commune. Ceux qui trônaient à l'hôtel de ville n'étaient-ils pas à elle ? « Essayez de prouver que je suis un imposteur, disait aux Loges un de leurs anciens dignitaires [2], en me citant UN HOMME, parmi les chefs de la Commune, qui ne fût pas initié, UN SEUL ! » Le défi n'a pas été relevé, parce qu'il ne pouvait l'être. Il suffit en effet de feuilleter les *Annuaires maçonniques* pour y trouver, entr'autres noms, ceux de Gaston Crémieux, de Fonvielle, de Goupil, de Gaillard, de Lefrançais, de Protot, de Bergeret, de Jules Vallès et de vingt autres. N'a-t-on même pas vu, à la mort de l'un des

« tional. Nous reprendrons ensuite nos bannières, qui se « trouvent toujours sur les remparts. »

« Rien de plus à vous dire pour l'instant.

« Je vous serre la main.

« Tout à vous…, D. »

(*Enquête parlementaire sur l'insurrection du 18 mars*, p. 522.)

1. V. Mgr. DUPANLOUP, p. 80.

2. *Révélations d'un rose-croix*, p. 105.

membres les plus violents de la Commune, homme dont la complicité dans les incendies avait été judiciairement établie, les Loges convoquer autour de son cadavre tous leurs adhérents ? « La Franc-Maçonnerie vient de perdre un de ses membres, écrivait il y a trois mois *le Mot d'ordre*, le F∴ Ranvier, ex-vénérable de la Loge *la Ligne-Droite*, est mort. Devant la tombe entr'ouverte de ce vaillant citoyen, de ce républicain inflexible, la fraternité maçonnique ne se démentira pas. » Et de fait, la fraternité maçonnique n'a pas même renié ce condamné de droit commun, qui avait mérité, paraît-il, le triste honneur d'être comparé par les siens à Chaumette [1] !

1. Un autre fait prouve bien les liens de fraternité qui unissaient la Commune à la Franc-Maçonnerie. A peine arrivés à la Nouvelle-Calédonie, le premier soin des condamnés fut d'y fonder une Loge, *l'Union-Calédonienne*. Cette Loge fut fermée par ordre supérieur, après l'enquête de l'amiral Ribourt sur l'évasion de Rochefort. Il fut prouvé que les F∴ F∴ avaient participé à l'évasion du rédacteur de *la Lanterne*.

D'ailleurs, le jour même de l'assassinat des otages, ne lisait-on pas sur les murailles de Paris un appel « aux « Francs-Maçons de tous les rites et de tout grade » pour défendre la Commune ?

« L'instruction que nous avons reçue dans nos respec-
« tables ateliers, était-il dit dans cette pièce, dictera à
« chacun de nous, à tous, le devoir sacré que nous
« avons à remplir. »

IX

Le But de la Franc-Maçonnerie
est politique.

Nous n'avons rien à ajouter : de pareils faits parlent d'eux-mêmes.

L'histoire en main, nous avons prouvé que des Francs-Maçons furent mêlés à toutes nos révolutions, de 1789 à 1871.

Il nous reste à démontrer qu'en cela ils se conformèrent à l'esprit de la Maçonnerie, et n'agirent pas alors comme simples particuliers.

C'est ce que l'on conteste et ce qu'a prétendu, précisément à propos de la dernière manifestation dont nous venons de parler, le Grand Orient de France.

Mais c'est à tort, et nous espérons bien pouvoir le prouver.

Comment établit-on que la Franc-Maçonnerie ne s'occupe pas de politique ?

Par l'article 2 de la constitution votée en 1865.

Il est dit dans cet article : « La Franc-Maçonnerie ne s'occupe pas des constitutions des

États ; dans la sphère élevée où elle se place, elle respecte les sympathies politiques de chacun de ses membres ; dans ses réunions, toute discussion à ce sujet est formellement interdite. »

Mais qu'importe cette interdiction, si l'on n'en tient pas compte ?

Qu'importe qu'on dise dans les règles : « Pas de politique ! » si la Maçonnerie est de fait « LE LABORATOIRE DE LA RÉVOLUTION ? [1] »

Et elle l'est !

Au texte caduc ou hypocrite dont on se réclame auprès des naïfs, nous opposons l'aveu très explicite du Franc-Maçon Louis Blanc :

« De semblables réserves, commandées à la prudence d'une association que menacent tant de gouvernements ombrageux, ne suffisent pas pour annuler les influences *naturellement révolutionnaires*, quoique en général pacifiques, de la Franc-Maçonnerie. » (*Hist. de la Révolution*, passage cité plus haut.)

Nous y répondons encore par la parole de lord Carnarvon, pro-grand maître d'Angleterre :

« La Franc-Maçonnerie étrangère est entièrement différente de ce qu'elle est en Angleterre, sur-

---

1. HENRI MARTIN, *Hist. de France*, t. XVI, p. 595.

tout en ce que, dans ce pays, elle défend loyalement la constitution, tandis que, sur le continent, *on la voit* CONSPIRANT *contre l'ordre de chose établi.* (*Monde maçonnique*, p. 506.)

Et en outre, par ce passage du *Free-Mason*, qui, après avoir cité *le Monde maçonnique*, écrit :

« Cela est de la propagande maçonnique *révolutionnaire,* et nous prierions volontiers le F∴ Caubet de *nous donner un* « *Ça ira* » *maçonniqne,* pour compléter l'absurdité. »

Enfin, nous demandons ce qu'il vaut, ce texte si bénin, en présence des témoignages suivants, bien autrement concluants encore que ceux que nous venons de faire passer sous les yeux de nos lecteurs :

« La Franc-Maçonnerie, vous ne l'ignorez pas, a de tout temps rendu les plus grands services à la cause de la liberté dans nos luttes politiques. Bien avant la révolution française, les affiliés de la Maçonnerie s'occupaient des grands intérêts publics dans leurs réunions, et la Maçonnerie avait ouvert une Loge très célèbre, celle qui reçut Voltaire quand il revint à Paris pour y mourir, qu'on appelait la Loge des *Neuf-Sœurs, et à laquelle* APPARTENAIENT LES HOMMES QUI ONT LE PLUS MARQUÉ DANS LA

RÉVOLUTION FRANÇAISE. » (E. SPULLER, *Conférences populaires*, VIIIe conf., p. 183.)

« Oui, disons-le sans détour, c'est à l'influence de la Maçonnerie qu'*il faut attribuer les grands événements politiques*, les heureuses transformations qui ont donné à la plus grande partie des peuples de l'Europe des monarchies constitutionnelles et ont rendu à l'indépendance presque tout le continent américain. » (*L'Astrée*, journal maçonnique, 1845.)

« De toutes parts les Maçons... fondent des écoles, *s'affirment* dans le monde profane... Ils font plus encore : *ils prennent* UNE PART ACTIVE *au mouvement* du siècle. » (F∴ BRÈMOND, *Monde maçonnique*, fév. 1867, p. 63.)

« Le suffrage universel ayant été mis en vigueur dans les ateliers, ce furent des Maçons qui demandèrent les premiers *son application* dans le monde profane... Le véritable rôle de la Maçonnerie consiste A DEVANCER LA SOCIÉTÉ POLITIQUE. » (F∴ BABAUD-LARIBIÈRE, *Monde maçonnique*, juillet 1869, p. 169.)

« Dans les crises politiques, *chaque fois qu'il le fallait*, LE CENTRE, LE POINT D'APPUI DE LA RÉSISTANCE ÉTAIT LA, DANS LA MAÇONNERIE.

« LA MAÇONNERIE S'EST MÊLÉE ACTIVEMENT AUX LUTTES POLITIQUES... *Si l'opinion libérale a triomphé en Belgique*, c'est A LA MAÇONNERIE QU'ELLE DOIT SON TRIOMPHE [1]. »

« La Franc-Maçonnerie, qu'est-elle en 1872? que sera-t-elle en 1873? et seize ans après, c'est-à-dire, additionnons ce nombre, en mil huit cent quatre-vingt-neuf!!! Elle sera ce qu'a dit le F.·. Arouet de Voltaire, elle sera ce que le F.·. Alfred Blanche a répété le jour de sa réception à la Loge *Saint-Lucien-Lumière...* TOUT ou RIEN [2]. »

« Les gouvernements de ce siècle n'ont pas affaire seulement aux gouvernements, aux empereurs, rois et ministres, *mais encore aux sociétés secrètes*, éléments dont il faut tenir compte; qui, au dernier moment, peuvent mettre à néant tous les arrangements; qui ont des agents partout, des agents sans scrupule qui poussent à l'assassinat et peuvent, s'il le faut, amener un massacre. » (Lord BEACONSFIELD, au banquet d'Aylesbury, 20 septembre 1876) [3].

1. Le F.·. VERHAEGEN, grand maître au Grand Orient de Belgique (1854). Il est à remarquer que l'article 135 des G.·. O.·. de Belgique indique, lui aussi, que « les Loges ne peuvent, dans aucun cas, s'occuper de matières politiques. » On voit ce que valent ces fameux règlements !

2. *De l'Utilité des chapitres et des conseils*, par le F.·. ALFRED BATIER, 30e président du Souv.·. Cons.·. des Kad.·. de *la Clémente-Amitié*, p. 34.

3. Veut-on voir ces graves paroles du premier ministre de la reine Victoria confirmées par la Maçonnerie? qu'on lise seulement ces quelques lignes :

Pourquoi d'ailleurs les Francs-Maçons se seraient-ils abstenus de prendre part aux luttes politiques ?

Leurs chefs avaient officiellement agité la question : la Maçonnerie devait-elle s'occuper de politique ? et ils avaient répondu : Oui.

« Les Loges, suivant l'assemblée constituante de la Maçonnerie italienne, séance du 2 mai 1872, ont la faculté de discuter les questions d'ordre religieux et POLITIQUE ; et la Maçonnerie étudie les questions

« Malheur à celui qui voudrait barrer le chemin à la Franc-Maçonnerie! dit le grand maître Saldanha Marino, à Rio de Janeiro : ministres, régente, trône, tout disparaîtra dans l'abîme. Frères, en avant !... Il faut que le peuple détruise les dictatures, soit couronnées, soit civiques, soit des oints du Seigneur, soit des simples plébéiens élevés au pouvoir. » (*Univers*, 3 sept.1876.)

« Malheur aux souverains! avait dit déjà en 1845 *l'Astrée*, journal de la secte, malheur aux souverains qui s'obstineraient à ne pas appliquer les principes de la Maçonnerie! La réforme religieuse du seizième siècle et la révolution française sont là pour apprendre aux peuples comment ils doivent revendiquer leurs droits. Au jour marqué, les Maçons sortent de leurs temples, et renversent tout ce qui fait obstacle à leurs desseins. »

Faut-il s'étonner après cela qu'un homme parfaitement au courant des mystères des Loges ait écrit : « Le seul danger qui menace le monde, depuis la fin du dernier siècle, est tout entier dans l'organisation redoutable des sociétés secrètes. » (*Révélations d'un rose-croix*, p. 46.)

sociales, *sans restriction d'espèce ou de degré.* »
(*Monde maçonnique*, t. XIV, p. 250.)

« La Maçonnerie, d'après le Grand Orient de Belgique, n'a point pour but d'établir des principes à respecter seulement *dans l'étroite enceinte de ses assemblées;* c'est la société tout entière qu'elle a pour objet : les Loges sont *des écoles,* où l'on doit former des hommes aux convictions raisonnées, afin qu'ils luttent ensuite avec vigueur dans le monde profane, ET SURTOUT DANS L'ARÈNE POLITIQUE. » (V. A. NEUT, t. I, p. 267.)

Le Monde maçonnique disait de son côté que « la Maçonnerie façonne les hommes, qu'elle les élève et les rend propres AUX LUTTES DU DEHORS », et qu'ensuite, « c'est aux Maçons qu'il appartient de réaliser A L'EXTÉRIEUR ses conceptions. » (T. X., p. 49.)

On fit donc de la politique, plus ou moins ouvertement, suivant les pays et suivant les gouvernements; mais on en fit partout, et nulle part on ne se crut enchaîné par un programme qui n'était, en définitive, qu'un trompe-l'œil à l'adresse des dupes.

X

Comment la Franc-Maçonnerie fait
de la politique.

Veut-on maintenant savoir ce qu'on entend, dans la Maçonnerie, par ces mots : prendre part « aux luttes du dehors » et « réaliser à l'extérieur les conceptions » maçonniques? — Les Loges et leurs adeptes vont nous l'apprendre :

« En fait de POLITIQUE, nous dit le F.˙. Van Humbeeck[1], tout ce qui intéresse l'homme, ses besoins, ses droits, ses devoirs; tout ce qui touche à la société, pour laquelle l'homme est fait; les qualités et les vices de l'organisation sociale..., en principe comme dans l'application aux sociétés existantes, EST DU RESSORT DE LA MAÇONNERIE et de chacun de ses membres. » (A. NEUT., t. I, p. 220.)

« Toutes les grandes questions de PRINCIPES POLITIQUES, déclare de son côté le F.˙. Bourlard, grand orateur du Grand Orient de Belgique; tout ce qui a trait à l'organisation, à l'existence et à la vie d'un État, oh! cela, oui, CELA NOUS APPARTIENT EN PREMIÈRE LIGNE. »

1. Aujourd'hui ministre de l'Instruction publique en Belgique.

Telle est la ligne de conduite générale. Mais la Maçonnerie ne s'en est point tenue là : elle est entrée dans les détails.

Entrons-y avec elle.

XI

La Franc-Maçonnerie dans les élections.

La première de ses préoccupations a été de s'assurer des représentants dans toutes les assemblées du pays, depuis le conseil municipal jusqu'au sénat.

Elle a donc réglementé les élections.

C'est elle, nous l'avons vu et elle s'en est vantée publiquement, qui, la première, « avait demandé l'application du suffrage universel dans le monde profane » : il était juste, pensait-elle, qu'elle en profitât. — Elle en a profité dans une large mesure, grâce aux prescriptions suivantes, qu'elle avait eu grand soin de porter :

« Un candidat maçon sera d'abord proposé, par
« la Loge dans le ressort de laquelle se fera l'élec-
« tion, à l'adoption du Grand Orient, pour être
« ensuite IMPOSÉ *aux Frères de l'obédience.*

« Dans l'élection, qu'elle soit *nationale, provin-*
« *ciale* ou *municipale*, il n'importe, l'élection du
« Grand Orient sera également réservée.

« Chaque Maçon JURERA d'employer *toute son*
« *influence pour faire réussir la candidature*
« *adoptée.*

« L'élu de la Maçonnerie SERA ASTREINT à faire
« en Loge *une profession de foi*, dont acte sera
« dressé.

« Il sera invité à recourir aux lumières de cette
« Loge ou du Grand Orient dans les occurrences
« graves qui peuvent se présenter pendant la durée
« de son mandat.

« L'*inexécution de ses engagements* l'exposera à
« des peines sévères, même à l'*exclusion de*
« *l'Ordre.*

« Chaque Loge pouvant juger utile de s'aider de
« la publicité devra se ménager des moyens d'in-
« sertion dans les journaux; mais le Grand Orient
« lui recommande ceux de ces journaux qui auront
« sa confiance. » (A. NEUT, t. I, p. 266.)

Ce n'est pas tout : si le candidat, une fois
élu, manque à son mandat et à son serment,
voici de quels *droits* le Grand Orient arme
alors les Loges et quels *devoirs* il leur indique:

« Le Grand Orient, sans hésitation, décide que
« non seulement les Loges ont LE DROIT, mais
« encore LE DEVOIR *de surveiller* LES ACTES DE LA

« VIE PUBLIQUE *de ceux de leurs membres* QU'ELLES
« ONT FAIT ENTRER DANS LES FONCTIONS PUBLI-
« QUES; de réprimander, et même de retrancher du
« corps maçonnique les membres qui ont manqué
« *aux devoirs que leur qualité de Maçon leur im-*
« *pose*, SURTOUT DANS LA VIE PUBLIQUE..., etc. »

Qu'on ne nous dise pas que le document que
nous produisons ici est un document émanant
des Loges belges. Nous répondrions, avec le
F∴ Ragon, « que la Maçonnerie n'est d'aucun
pays » (*Cours philosophique*, p. 40), et avec
tous les documents maçonniques, unanimes
sur ce point, « que les Maçons peuvent suivre
dans leurs travaux des *rites différents*, mais
que le but en est toujours le même » (art. 5,
règlement, 1826); « que tous les rites sont
sortis de la même source et qu'ils tendent au
même but. »

Du reste, veut-on un exemple entre mille de
la part que la Franc-Maçonnerie prend aux
élections?

Le Monde maçonnique du mois de mai 1876
nous rapporte que, dans une fête qui leur fut
donnée, à l'occasion de leur élection, par la
Loge *la Sincérité*, de Besançon, M. Oudet, sénateur, et le député du Doubs, tous deux
F∴ M∴, remercièrent leurs Frères, en décla-
rant hautement qu'*ils devaient leur élection au
concours de la Maçonnerie.*

La Chaîne d'union parle aussi de Frères députés ou sénateurs, « arrivés, pour la plupart, grâce à la Maçonnerie. »

Enfin n'avons-nous pas l'aveu de l'écrivain officiel des Loges, du F∴ Ragon, qui a dit :

« Si je vous déroulais la liste des mots d'ordre « qu'ont fait circuler, dans cet Orient, les préten- « dues suprêmes puissances qui ont surgi dans ces « derniers temps, vous reconnaîtriez mieux cette « vérité : que TOUS LES CHEFS MAÇONNIQUES SE « MÊLENT DE POLITIQUE, malgré la défense faite « *aux adeptes* de s'y livrer. » (*Cours de philosophie*, page 384.)

En présence de pareils documents, peut-on, de bonne foi, soutenir que la Franc-Maçonnerie fuit la politique, et que, si ses membres s'en occupent, ce n'est qu'en qualité de citoyens ?

Nous ne le croyons pas, et une dernière citation va mieux le prouver encore.

XII

Le Programme
politique de la Franc-Maçonnerie.

En 1855, le F∴ Goffin s'écriait dans une séance solennelle tenue par la F∴ M∴ :

« Ne serions-nous plus les fils de nos pères? ne serions-nous plus les descendants de ceux qui ont fait 89?... LE TEMPS EST VENU D'OPPOSER UNE BARRIÈRE PUISSANTE AUX ENVAHISSEMENTS DU CLERGÉ [1] ; d'organiser une opposition formidable contre les hommes et les idées du passé ; de ranimer le zèle et la foi M∴, et de provoquer l'union solidaire de tous ceux qui préconisent le progrès de l'humanité. Laissez-moi, mes FF∴, vous signaler quelques principes essentiels, sur lesquels devra se porter votre attention lorsqu'il s'agira d'élaborer une profession de foi.

PRINCIPES A RÉSERVER POUR L'AVENIR

« Suffrage universel direct.

« *Abolition des armées permanentes*, causes de ruine et d'oppression pour les peuples.

1. C'est le mot d'ordre de la campagne actuellement dirigée contre la religion.

« *Suppression de la magistrature inamovible*, origine des injustices et des procès scandaleux.

« *Abolition des traitements du clergé*, désormais rétribué par les croyants de chaque culte.

PRINCIPES D'APPLICATION IMMÉDIATE

« Suffrage universel pour les élections provinciales et communales, comme moyen d'habituer peu à peu la nation à l'exercice de son pouvoir souverain.

« *Instruction primaire gratuite et obligatoire.*

« Suppression de la Banque nationale, et établissement d'un vaste système de crédit foncier, commercial et agricole.

« Organisation du travail par la création de grandes associations ouvrières.

« *Réduction de tous les budgets, et principalement de celui de la guerre.*

« *Associations pour rendre les derniers devoirs aux morts sans le concours du clergé.*

« *Abolition de la peine de mort en matière politique et criminelle.*

« Tel doit être, selon moi, l'ordre du jour de la grande réunion M.·. qui aura lieu prochainement. *Voulons-nous écraser l'infâme ou le subir !!!* etc., etc. »

(*Discours prononcé à la fête solsticiale de la R.·. Loge.* Liège, 1855.)

Depuis 1855, bon nombre de ces principes ont été sanctionnés par une loi.

- Les autres le seront, la Franc-Maçonnerie aidant.

L'abolition des armées permanentes, le F∴ Laisant, de *la Libre-Conscience*, de Nantes, tend à la faire prononcer. N'y pouvant arriver tout de suite, il a du moins proposé la réduction du service à trois ans.

La *suppression de la magistrature inamovible*, le F∴ Boysset vient de l'obtenir, sous une autre forme, de la Chambre des députés.

L'abolition des traitements du clergé sera le lot du F∴ Guichard, l'ardent ennemi des Jésuites.

L'instruction primaire laïque, gratuite et obligatoire, le F∴ Barodet espère l'obtenir, grâce à son collègue M. Jules Ferry.

Le F∴ Pelletan a pris à cœur de soustraire les morts aux vaines pompes des funérailles religieuses.

Et le F∴ Louis Blanc est toujours le champion résolu de *l'abolition de la peine de mort*.

Inutile de relever un à un tous les autres articles du programme maçonnique qui bientôt seront pour nous des lois.

Ce que nous voulions prouver, c'est que la F∴ M∴ mentait, quand elle affirmait qu'elle ne s'occupait pas de politique.

Or nous avons montré :

1° Que des F∴ M∴ avaient été mêlés à toutes nos révolutions depuis 1789 ;

2° Qu'en prenant part à ces événements, ils avaient obéi à l'esprit de leur secte ;

3° Que, malgré les soi-disant défenses inscrites pour les gens crédules dans ses constitutions, la Maçonnerie *s'occupait activement* de politique ;

4° Qu'elle ne faisait élire ses membres qu'après leur avoir, directement ou indirectement, imposé un programme qu'ils s'engageaient à réaliser ;

5° Enfin, qu'elle surveillait l'exécution des promesses faites aux Loges et qu'elle y tenait soigneusement la main.

XIII

La Franc-Maçonnerie
dans le gouvernement de la France.

Et maintenant veut-on savoir comment la Franc-Maçonnerie est représentée en ce moment dans les hautes sphères du pouvoir ?

Au sein du conseil des ministres, elle a au moins trois affiliés bien reconnus : les F∴ F∴ Constans, Tirard et Jules Ferry.

Au Sénat, elle compte de nombreux initiés :

les F∴ F∴ Pelletan, Carnot, Challemel-Lacour, Corbon, Emmanuel Arago, Barne, Leroyer, Gresley, George, Victor Hugo, La Serve, Laurent Pichat, Littré, Oudet, Schœlcher, Testelin, Tolain, etc., etc.

A la Chambre, c'est pire encore.

Le président est Franc-Maçon.

Deux vice-présidents sur quatre : les F∴ F∴ Bethmont et H. Brisson le sont aussi.

La Franc-Maçonnerie détient en outre les présidences et vice-présidences des plus importantes commissions : au budget, par exemple, elle préside, en la personne du F∴ Brisson ; les vice-présidents sont à elle, et presque tous les rapporteurs lui appartiennent. Citons-en quelques-uns seulement.

Le F∴ Maurice Rouvier est rapporteur général de cette commission ;

Le F∴ Antonin Proust est rapporteur pour le budget des affaires étrangères ;

Le F∴ Parent, pour les postes et télégraphes ;

Le F∴ Albert Joly, pour la justice ;

Le F∴ Millaud, pour l'instruction publique ;

Le F∴ Lockroy, pour les beaux-arts ;

Le F∴ Gatineau, pour les cultes ;

Le F∴ Dréo, pour la marine, etc., etc.

L'importance d'un pareil fait ne peut échapper à personne.

Il serait aisé de faire un travail analogue

pour toutes les autres commissions : nous y trouverions les Francs-Maçons, comme nous les avons trouvés à la commission du budget.

Si maintenant nous passons aux divers groupes qui forment la majorité, nous en voyons encore les bureaux aux mains de la Maçonnerie.

Le président de l'extrême gauche, le F∴ Louis Blanc, est Franc-Maçon.

Le président et un des deux vice-présidents de la gauche républicaine, les F∴ F∴ Bernard Lavergne et Langlois ; le président et les deux vice-présidents de l'Union républicaine, nommés le 11 février dernier, les F∴ F∴ Brisson, Boysset et Allain-Targé, le sont aussi.

Ce ne sont peut-être là que coïncidences fortuites. Mais que répondre à qui s'en autoriserait pour prétendre que ces groupes sont eux-mêmes formés en majorité de Francs-Maçons?

Or ces trois groupes font la majorité de la Chambre.

Jusqu'à preuve du contraire, on pourrait donc en conclure que la Maçonnerie est maîtresse à la Chambre.

Désire-t-on, du reste, que nous nommions quelques-uns des Frères qui siègent parmi nos députés? Outre ceux que nous avons cités plus haut, en voici quelques autres :

Les F∴ F∴ de Mahy, député de la Réunion, questeur de la Chambre ; — Jean David, député du

Gers, secrétaire de la Chambre ; — Andrieux, député de Lyon, préfet de police ; — Cantagrel, député de la Seine ; — Carrey, député de Seine-et-Oise ; — Germain Casse, député de la Seine ; — Chevandier, député de la Drôme ; — Clémenceau, député de la Seine ; — Codet, député de la Haute-Vienne ; — Bamberger, député de la Seine ; — Barodet, député de la Seine ; — César Bertholon député de la Loire ; — Louis Blanc, député de la Seine ; — Bonnet-Duverdier, député du Rhône ; — Bouchet, député des Bouches-du-Rhône ; — Émile Deschanel, député de la Seine ; — Desseaux, député de la Seine-Inférieure ; — Dréo, député du Var ; — Ducamp, député du Gard ; — Duclaud, député de la Charente ; — Pascal Duprat, député de la Seine ; — Favant, député du Gard ; — Frébault, député de la Seine ; — Ch. Floquet, député de la Seine ; — Alphonse Gent, député de Vaucluse ; — Girault, député du Cher ; — Guichard, député de l'Yonne ; — Guyot-Montpayroux, député de la Haute-Loire ; — Greppo, député de la Seine ; — Hérisson, député de la Seine ; — Hovius, député d'Ille-et-Vilaine ; — Joigneaux, député de la Côte-d'Or ;—Labitte, député de la Somme ; — Laisant, député de la Loire-Inférieure ;— Lavergne, député du Tarn ; — Lecherbonnier, député de la Corrèze ; — Leconte, député de l'Indre ; — Lepouzé, député de l'Eure ; — Lockroy, député des Bouches-du-Rhône ; — Madier de Montjau, député de la Drôme ; — Malens, député de la Drôme ; — Marion, député de l'Isère ; —

Marmottan, député de la Seine ; — Jules Méline, député des Vosges ; — Mestreau, député de la Charente-Inférieure ; — Nadaud, député de la Creuse ; — Alfred Naquet, député de Vaucluse ; — Alexandre Papon, député de l'Eure ; — Georges Périn, député de la Haute-Vienne ; — Peulevey, député de la Seine-Inférieure ;—Poujade, député de Vaucluse ;— Ratier, député du Morbihan ; — Récipon, député des Alpes-Maritimes ; — Rouvier, député des Bouches-du-Rhône ; — Saint-Martin, député de Vaucluse ; — Talandier, député de la Seine ; — Thomas, député de la Marne ; — Tiersot, député de l'Ain ; — — Viette, député du Doubs [1].

1. Si l'on veut être renseigné exactement sur le dévouement de ces députés à la Franc-Maçonnerie, qu'on écoute cette promesse de l'un d'eux. Le F∴ Viette, député du Doubs, disait en 1876, dans la Loge *Sincérité, Parfaite-Union* et *Constante-Amitié réunies*, de Besançon :

« Notre propagande est constante, elle est universelle, elle est infinie, comme le progrès ; et moi, ancien déjà parmi vous, l'un des nouveaux venus parmi les représentants de la France, je puis vous dire, au nom de la nation : *Vous avez préparé notre œuvre, vous y travaillez chaque jour ; nous ferons tous nos efforts pour l'achever.* » (*Monde maçonnique*, 18ᵉ année, p. 8.)

Et *la Chaîne d'union*, de Paris, *journal de la Maçonnerie universelle* (12ᵉ année, p. 88), saluait ainsi l'arrivée des nouveaux élus :

« Nous constatons tout d'abord, avec une réelle satisfaction, que nous comptons, au nombre des sénateurs

Sortons nous du Parlement pour entrer à l'Hôtel de ville? — La majorité du conseil municipal est acquise à la Franc-Maçonnerie.

Le président Thulié est Franc-Maçon, ainsi que les F∴ F∴ Émile Chevalier; — Blanche; — François Combes, vice-président du conseil général de la Seine; — Louis Combes, rédacteur de *la République française;* — Deberle; — Eugène Delattre; — Denizot; — Forest; — Germer Baillière; — Ernest Hamel; — Harant; — Hattat; — de Heredia; — Hovelacque; — Hubbart; — Jacques; — Jobbé-Duval; — Lamouroux; — de Lanessan; — Ch. Lauth, administrateur de la manufacture de Sèvres; — Level; — Manier; — Marsoulan; — Antide Martin; — colonel Martin; — Masse; — Saturnin Morin; — Murat; — Ulysse Parent; — Perrinelle; — E. Rigaut; — Aristide Rey; — Jules Roche, rédacteur de *la Justice;* — Sick, tous conseillers municipaux.

La présidence du conseil général de la Seine est aussi aux mains des Loges, représentées par le F∴ Engelhard.

Quant à la police, elle est dirigée, à la préfecture, par un chevalier Kadoche, membre du Conseil des 33, le F∴ Andrieux; et à la police

et des députés élus, *bon nombre de nos Frères; nous les avons connus, pour la plupart, comme des Francs-Maçons des plus actifs et des plus dévoués à notre institution,* »

municipale, par le vice-président de ce même Conseil suprême du Grand Orient, le F.·. Caubet, homme de lettres.

Ce n'est pas tout.

Au conseil d'État, nous trouvons les F.·. F.·. Castagnary, Laferrière, Antonin Dubost, pour ne citer que quelques noms. Dans le haut personnel des ambassades figurent les F.·. F.·. Challemel-Lacour, ambassadeur à Londres, et Emmanuel Arago, ambassadeur à Berne. Dans l'administration, les F.·. F.·. sont si nombreux, que c'est à peine si l'on en peut nommer les plus illustres : les citoyens préfets Schnerb, Mahias, Massicault, par exemple, ou le F.·. Lauth, administrateur de la manufacture de Sèvres. Enfin il n'est pas jusqu'à la magistrature qui ne soit envahie, et tout le monde sait qu'elle a eu la douleur suprême de voir confier la première présidence de la cour des comptes à un représentant des Loges, le F.·. Paul Bethmont.

Bien entendu, tous ces Francs-Maçons touchent de gros émoluments. On devine aisément en effet qu'ils entendent le désintéressement, comme la charité, à leur façon. Mais on ne peut se faire une idée de ce que coûtent les Loges à la France qu'en groupant quelques chiffres, épars dans le budget. Nous avons commencé ce travail, et nous le livrons à nos lecteurs tel quel. Si incomplet qu'il soit encore, il est des plus édifiants.

Voici donc les traitements attachés à quelques-unes des fonctions détenues en ce moment par des membres de la Franc-Maçonnerie :

Ambassade à Londres (le F∴ Challemel-Lacour). 200 000

Ambassade à Berne (le F∴ Emmanuel Arago). 60 000

Présidence du conseil des ministres et ministère de l'instruction publique et des beaux-arts (le F∴ J. Ferry). 60 000

Ministère de l'agriculture et du commerce (le F∴ Tirard). 60 000

Ministère de l'intérieur et des cultes (le F∴ Constans). 60 000

Présidence de la Chambre des députés (le F∴ Léon Gambetta). 72 000

Présidence de la cour des comptes (le F∴ Paul Bethmont). 30 000

Indemnité allouée à chacun des sénateurs dont la liste a été donnée plus haut. 9 000

Indemnité allouée à chacun des députés nommés précédemment. 9 000

Questure de la Chambre, en sus de l'indemnité allouée aux députés (le F∴ de Mahy). 40 000

Préfecture de police (le F∴ Andrieux). 60 000

Direction de la police municipale (le
F∴ Caubet).   12 000

Présidence de section au conseil
d'État (le F∴ Laferrière).   18 000

Traitement du conseiller d'État (le
F∴ Castagnary).   15 000

Direction au ministère des cultes et
traitement de conseiller (le F∴ Antonin
Dubost).   15 000

Administrateur de la manufacture
de Sèvres (le F∴ Ch. Lauth)...

Préfecture de 1re classe.   35 000
—   2e classe.   24 000
—   3e classe.   18 000

(Les F∴ F∴ Schnerb, Mahias, Massicault, etc...)

J'en passe, et non point des plus à dédaigner.
Mais comprend-on maintenant pourquoi, après
avoir crié si fort que les congrégations non reconnues gouvernaient la France et qu'il fallait
violemment les dissoudre, les Loges ont tant
parlé des richesses immenses de ces pauvres
volontaires ?

En concentrant l'attention publique sur ces
religieux, dont *pas un n'émargeait* au budget,
la Franc-Maçonnerie la détournait de ceux qui
en vivaient réellement, et, en bonne mère, elle
assurait la tranquille possession de leurs gras-
ses prébendes à ses enfants.

XIV

Conclusion.

Après ce que nous venons de montrer, tout est expliqué : l'article 7 du F.·. Jules Ferry et la campagne contre les congrégations religieuses, si implacablement poursuivie par le F.·. Constans.

Dans un cas comme dans l'autre, on a consulté, non point l'intérêt de la France, mais le désir des Loges, et l'on a obéi au mot d'ordre d'une société dont le but est « la suppression de l'Église chrétienne[1] » et « la déchristianisation de la France à bref délai[2]. »

Aussi est-ce la tristesse au cœur que nous nous demandons en terminant s'il est bien digne d'un grand pays, d'un pays qui fut la France et qui pourrait la redevenir, d'être ainsi en vasselage d'une secte et de courber la tête sous son joug.

Lâche qui pourrait le croire, et traître à la France qui oserait le soutenir !

1. Le F.·. Félix Pyat.
2. Le F.·. Blanqui.

Unissons-nous donc, nous tous qu'on veut traiter en parias, Catholiques et Français, tenons haut et ferme notre drapeau, et combattons pacifiquement, mais jusqu'à la mort, s'il le faut, contre les fils des Loges, pour la liberté de la France et le respect de notre foi!

NOMS DE SÉNATEURS FRANCS-MAÇONS [1]

F∴ Leroyer, sénateur inamovible, ex-ministre de la justice. Assiste comme Maçon, en 1868, à l'inauguration d'un « temple maçonnique » à Lyon. — Mentionné comme Maçon par *la Chaîne d'union* en 1877.

Général Gresley, ex-ministre de la guerre. Indiqué comme tel par *la Lanterne*, le lendemain de la dernière revue.

F∴ Eugène Pelletan, sénateur des Bouches-du-Rhône, vice-président du Sénat. Ancien Vénérable de la L∴ *l'Avenir*, O∴ de Paris ; ancien membre du Conseil de l'Ordre du Grand Orient de France. — Fait une conférence au commencement de cette année 1880, dans la L∴ *l'Ecole-Mutuelle*, O∴ de Paris.

F∴ Carnot, sénateur inamovible. Initié, en 1820, dans la L∴ *les Amis-Incorruptibles* ; O∴ de Paris, a fréquenté ensuite la L∴ *Philadelphie*.

F∴ Challemel-Lacour, sénateur des Bouches-du-Rhône, ambassadeur à Londres.

1. Ces listes, dressées par nous en partie, ont été complétées sur celles qu'a données *te Français*.

F∴ Corbon, sénateur inamovible.

Figure en juin 1876, comme Maçon, à l'enterrement du F∴ Schaffer, ancien V∴ de la L∴ Écos∴, n. 133.

F∴ Crémieux, sénateur inamovible.

Très Puissant Souverain, Grand Commandeur, grand maître du Suprême Conseil du rite Écossais.

F∴ Emmanuel Arago, sénateur des Pyrénées-Orientales, ambassadeur à Berne.

Initié, le 10 avril 1870, à la L∴ *le Réveil-Maçonnique*, O∴ de Boulogne-sur-Seine. Grand Orateur du Suprême Conseil du rite Écossais.

F∴ Barne, sénateur des Bouches-du-Rhône.

Membre de la L∴ *la Phocéenne-Maritime*, O∴ de Marseille.

F∴ Jules Favre, sénateur du Rhône.

F∴ George, sénateur des Vosges.

Vénérable, avant 1870, de la L∴ *la Fraternité-Vosgienne*, O∴ d'Épinal.

F∴ Victor Hugo.

Est signalé comme un des « Maçons importants » dont le Grand Orient mexicain a reçu des communications particulières.

F∴ La Serve, sénateur de la Réunion.

F∴ Laurent Pichat, sénateur inamovible.

Initié, le 23 décembre 1876, dans la L∴ *la Clémente-Amitié*, O∴ de Paris.

F∴ Littré, sénateur inamovible.

Initié, le 9 juillet 1875, dans la L∴ *la Clémente-Amitié*, O∴ de Paris.

F.·. Oudet, sénateur du Doubs.

Orateur titulaire de la L.·. *Sincérité, Parfaits-Union* et *Constante-Amitié réunies*, O.·. de Besançon.

F.·. Schœlcher, sénateur inamovible.

F.·. Testelin, sénateur inamovible.

Ancien Vénérable de la L.·. *l'Étoile-du-Nord*, O.·. de Lille.

F.·. Tolain, sénateur de la Seine.

Initié, le 5 août 1875, dans la L.·. Écoss.·. *la Prévoyance*, O.·. de Paris.

F.·. Edmond Valentin, sénateur du Rhône.

Initié, le 8 septembre 1872, dans la L.·. *Alsace-Lorraine*, O.·. de Paris ; membre du Conseil de l'Ordre.

NOMS DE DÉPUTÉS FRANCS-MAÇONS

F.·. Jules Ferry, député des Vosges, président du conseil des ministres, ministre de l'instruction publique et des beaux-arts.

Membre de la L.·. *Alsace-Lorraine*, O.·. de Paris ; initié, le 9 juillet 1875, dans la L.·. *la Clémente-Amitié*, O.·. de Paris.

F.·. Tirard, député de la Seine, ministre de l'agriculture et du commerce.

Membre et ancien Vénérable de la L.·. *l'Ecole-Mutuelle*, O.·. de Paris.

F.·. Léon Gambetta, député de la Seine, président de la Chambre des députés.

Maçon dès avant 1869. — On parlait couramment dans les Loges, il y a quelque temps, de « la commission du budget présidée par notre F.·.

F∴ Paul Bethmont, député de la Charente-Inférieure, vice-président de la Chambre, président de la Cour des comptes.

Gambetta. » (*Chaîne d'union*, 1877, p. 17.) Membre de la L∴ *l'Accord-Parfait*, O∴ de Rochefort, et de la L∴, *l'Avenir*, O∴ de Paris. (V, PINON, p. 293.)

F∴ Henri Brisson, député de la Seine, vice-président de la Chambre.

Grand Orateur, en 1872, de la *Grande-Loge-Centrale* (rite Écossais).

F∴ de Mahy, député de la Réunion, questeur de la Chambre.

Orateur de la L∴ *les Trinitaires*, O∴ de Paris.

F∴ Jean David, député du Gers, secrétaire de la Chambre.

Vénérable de la L∴ *la Ligne-Droite*, O∴ d'Auch.

F∴ Allain-Targé, député de la Seine.

Initié, le 20 mars 1869, à la L∴ le *Réveil-Maçonnique*, O∴ de Boulogne-sur-Seine.

F∴ Andrieux, député de Lyon, préfet de police.

Vénérable de la L∴ *le Parfait-Silence*, O∴ de Lyon, membre du Conseil de l'Ordre.

F∴ Cantagrel, député de la Seine.

Écrit, le 19 juillet 1876, pour s'excuser de n'avoir pu assister comme Maçon à une fête donnée par la R∴ L∴ Écoss∴, n. 147, *les Héros-de-l'Humanité*, O∴ de Paris.

F∴ Carrey, député de Seine-et-Oise.

Vénérable de la L∴ *l'Amitié-Discrète*, O∴ de Rambouillet.

F.˙. Germain Casse; député de la Seine.

Fait une conférence, le 13 octobre 1878, dans la L.˙. *l'Homme-Libre*, O.˙. de Paris; membre de la L.˙. *la Renaissance*. (V. PINON, p. 305.)

F.˙. Chevandier, député de la Drôme.

Initié en 1867.

F.˙. Clémenceau, député de la Seine.

F.˙. Constans, député de la Haute-Garonne, ministre de l'intérieur et des cultes.

Vénérable de la L.˙. *les Cœurs-Unis*, O.˙. de Toulouse.

F.˙. Codet, député de la Haute-Vienne.

Assiste, le 23 décembre 1876, à une initiation dans la L.˙. *la Clémente-Amitié*, O.˙. de Paris.

F.˙. Émile Deschanel, député de la Seine.

Membre de la L.˙. *la Clémente-Amitié*, O.˙. de Paris.

F.˙. Desseaux, député de la Seine-Inférieure.

Vénérable d'honneur de la Maçonnerie rouennaise.

F.˙. Dréo, député du Var.

Orateur de la L.˙. *l'Ecole-Mutuelle*, O.˙. de Paris; consacré rose-croix, le 29 août 1878, par le Chapitre *Isis-Monthyon*, Vallée de Paris.

F.˙. Ducamp, député du Gard.

Membre, depuis 1875, de la L.˙. *l'Echo-du-Grand-Orient*, O.˙. de Nîmes.

F∴ Duclaud, député de la Charente. Vénérable de la L∴ *la Parfaite-Union*, O∴ de Confolens.

F∴ Pascal Duprat, député de la Seine. Fait, en 1876, des conférences dans les L∴ *la Clémente-Amitié* et *les Amis-Bienfaisants*, O∴ de Paris.

F∴ Favand, député du Gard. Vénérable de la L∴ *l'Étoile-des-Cévennes*, O∴ d'Alais.

F∴ Bamberger, député de la Seine. Fait, au commencement de cette année 1880, une conférence dans la L∴ *les Rénovateurs*, O∴ de Clichy.

F∴ Barodet, député de la Seine. Membre de la L∴ *le Travail-et-la-Persévérante-Amitié*, O∴ de Paris.

F∴ César Bertholon, député de la Loire. Membre de la L∴ *l'Industrie*, O∴ de Saint-Étienne, ancien Vénérable de la L∴ *Bélisaire*, O∴ d'Alger, ancien membre du Conseil de l'Ordre du G∴ O∴.

F∴ Louis Blanc, député de la Seine. Préside, le 4 mars 1879, le banquet annuel de la L∴ *la Bonne-Foi*, O∴ de Saint-Germain-en-Laye.

F∴ Bonnet-Duverdier, député du Rhône. Ancien Orateur de la L∴ *les Amis-de-l'Avenir*, O∴ de Jersey.

F∴ Bouchet, député des Bouches-du-Rhône. Figure comme Maçon à la fête solsticiale de la L∴ *l'Étoile-des-Cévennes*, O∴ d'Alais, le 16 octobre 1876.

F∴ Ch. Boysset, député de Saône-et-Loire. — De l'O∴ da Chalon-sur-Saône dès avant 1868, époque où il assiste comme Maçon à l'inauguration d'un « temple maçonnique » à Lyon.

F∴ Frébault, député de la Seine.

F∴ Ch. Floquet, député de la Seine. — Vénérable, en 1873, de la L∴ la Justice, O∴ de Paris.

F∴ Gatineau, député d'Eure-et-Loir. — Membre de la L∴ les Admirateurs-de-l'Univers, O∴ de Paris.

F∴ Alphonse Gent, député de Vaucluse.

F∴ Girault, député du Cher. — Initié en 1869. — Parle au commencement de l'année 1880 dans la L∴ les Amis-de-la-Tolérance, O∴ de Paris.

F∴ Guichard, député de l'Yonne.

F∴ Guyot-Montpayroux, député de la Haute-Loire. — Initié, le 25 septembre 1870, dans la L∴ Alsace-Lorraine.

F∴ Greppo, député de la Seine. — Écrit, le 25 octobre 1876, pour s'excuser de ne pouvoir assister à la tenue d'installation de la R∴ L∴ la Franchise-Écossaise, O∴ de Paris.

F∴ Hérisson, député de la Seine. — Vénérable, en 1872, de la L∴ l'École-Mutuelle ; membre du Conseil de l'Ordre en 1873

F.·. Hovius, député d'Ille-et-Vilaine. Membre de la L.·. *la Triple-Essence*, O.·. de St-Malo.

F.·. Joigneaux, député de la Côte-d'Or.

F.·. Albert Joly, député de Seine-et-Oise. Vénérable de la L.·. *les Amis-Philanthropes-et-Discrets-Réunis*, O.·. de Versailles ; membre, en 1876, du Conseil de l'Ordre.

F.·. Journault, député de Seine-et-Oise. Membre de la L.·. *les Amis-Philanthropes-et-Discrets-Réunis*, O.·. de Versailles.

F.·. Labitte, député de la Somme. Vénérable de la L.· *la Parfaite-Harmonie*, O.·. d'Abbeville.

F.·. Laisant, député de la Loire-Inférieure. Vénérable, en 1870, de la L.·. *la Libre-Conscience*, O.·. de Nantes ; prononce, le 7 août 1876, un discours à la L.·. *les Amis-du-Progrès*, O.·. de Paris.

F.·. Langlois, député de Seine-et-Oise. Membre de la L.·. *les Amis-Philanthropes-et-Discrets-Réunis*, O.·. de Versailles.

F.·. Lavergne, député du Tarn.

F.·. Lecherbonnier, député de la Corrèze. Vénérable de la L.·. *la Fraternité*, O.·. de Brive.

F.·. Leconte, député de l'Indre. Membre de la L.·. *la Gauloise*, O.·. d'Issoudun.

F.·. Lepouzé, député de l'Eure. Initié, le 31 mai 1874, dans la L.·. *la Sincérité-de-l'Eure*, O.·. d'Évreux.

F.·. Lockroy, député des Bouches-du-Rhône.

F.·. Madier de Montjau, député de la Drôme. Membre de la L.·. *la Clémente-Amitié*, O.·. de Paris. Parle à l'installation de la L.·. *l'Homme-Libre*, O.·. de Paris.

F.·. Malens, député de la Drôme. Vénérable d'honneur de la L.·. *l'Humanité-de-la-Drôme*, O.·. de Valence.

F.·. Marion, député de l'Isère. Déjà Maçon en 1870.

F.·. Marmottan, député de la Seine. Initié, le 18 février 1874, à la L.·. *Renaissance-par-les Émules-d'Hiram*, O.·. de Paris.

F.·. Jules Méline, député des Vosges. En 1869, Orateur adjoint de la L.·. *l'École-Mutuelle*, O.·. de Paris ; affilié à la loge *le Travail*, O.·. de Remiremont. •

F.·. Mestreau, député de la Charente-Inférieure. Écrit, le 17 avril 1877, pour exprimer ses regrets de ne pouvoir assister comme Maçon à une fête de la L.·. *la Sincérité*, O.·. de Saintes.

F.·. Millaud, député du Rhône. Orateur de la L.·. *la Fraternité-Progressive*, O.·. de Lyon.

F.·. Nadaud, député de la Creuse. Membre de la L.·. *les Amis Bienfaisants-et-les-Imitateurs-d'Osiris-Réunis*, O.·. de Paris.

F.·. Alfred Naquet, député de Vaucluse. Fait, au commencement de cette année 1880, une conférence sur le divorce dans les L.·. *les Amis-de-la-Patrie* et *l'Avenir*, O.·. de Paris.

F.·. Alexandre Papon, député de l'Eure. Initié, le 31 mai 1874, dans la L.·. *la Sincérité-de-l'Eure*, O.·. d'Évreux.

F.·. Eugène Parent, député de la Savoie. Membre de la L.·. *la Renaissance*, O.·. de Chambéry.

F.·. Georges Périn, député de la Haute-Vienne. Membre de la L.·. *les Artistes-Réunis*, O.·. de Limoges.

F.·. Peulevey, député de la Seine-Inférieure. Membre de la L.·. *l'Aménité*, O.·. du Havre.

F.·. de Pompéry, député u Finistère.

F.·. Poujade, député de Vaucluse. Vénérable, en 1873, de la L.·. *les Amis-de-l'Humanité*, O.·. de Carpentras.

F.·. Antonin Proust, député des Deux-Sèvres.

F.·. Ratier, député du Morbihan. Vénérable de la L.·. *Nature-et-Philanthropie*, O.·. de Lorient, ancien membre du Conseil de l'Ordre.

F.·. Récipon, député des Alpes-Maritimes. Membre de la L.·. *Mars-et-les-Arts*, O.·. de Nantes.

F.·. Rouvier, député des Bouches-du-Rhône. En 1869, Orateur de la L.·. *la Réforme*, O.·. de Marseille.

F.·. Saint-Martin, député de Vaucluse. La revue hebdomadaire qu'il vient de fonder sous le titre *l'École laïque*, est vivement recommandée à ses FF.˙. par *le Monde maçonnique*.

F.˙. Talandier, député de la Seine. Parle à l'installation de la L.˙. *l'Homme-Libre*, O.˙. de Paris, le 27 décembre 1876.

F.˙. Thomas, député de la Marne. En 1867, Vénérable de la L.˙. *la Sincérité*, O.˙. de Reims.

F.˙. Tiersot, député de l'Ain. En 1869, Vénérable de la L.˙. *l'Amitié-Fraternelle*; O.˙. de Bourg.

F.˙. Viette, député du Doubs. Membre de la L.˙. *Sincérité, Parfaite-Union et Constante Amitié réunies*, O.˙. de Besançon.

PRÉSIDENCE DE LA RÉPUBLIQUE

F.˙. Duhamel, chef du cabinet de M. le Président de la République, Vénérable de la L.˙. *la Fraternité-des-Peuples*, O.˙. de Paris, membre du Conseil de l'Ordre.

PRÉFECTURE DE POLICE

F.˙. Andrieux, député du Rhône, préfet de police, Vénérable de la L.˙. *le Parfait-Silence*, O.˙. de Lyon; membre du Conseil de l'Ordre du G.˙. O.˙. de France.

F.˙. Caubet, chef de cabinet du préfet de police, chargé de la police municipale. Vénérable de la L.˙. *la Rose-du-Parfait-Silence*, O.˙. de Paris; vice-président du Conseil de l'Ordre, directeur de la revue *le Monde maçonnique*.

CONSEIL GÉNÉRAL DE LA SEINE

F.·. Engelhard, conseiller municipal, président du conseil général de la Seine.

F.·. Blanche, maire de Puteaux, conseiller général.

Initié, le 8 octobre 1878, dans la L.·. *la Lumière*, O.·. de Neuilly.

CONSEIL MUNICIPAL DE PARIS

F.·. Castagnary, ancien président du conseil municipal, conseiller d'État.

Assiste comme Maçon, le 9 février 1878, à la fête solsticiale de la L.·. *les Zélés-Philanthropes*, O.·. de Paris.

F.·. Émile Chevalier, conseiller municipal.

F.·. François Combes, conseiller municipal et vice-président du conseil général de la Seine.

Initié, le 25 janvier 1879, dans la L.·. *la Rose-du-Parfait-Silence*, O.·. de Paris.

F.·. L. Combes, rédacteur de *la République française* et conseiller municipal.

Assiste comme Maçon, le 12 août 1876, à la fête solsticiale de la L.·. *les Amis-de-l'Humanité*, O.·. de Paris.

F.·. Deberle, conseiller municipal.

Assiste comme Maçon, le 12 août 1876, à la fête solsticiale de la L.·. *les Amis-de-l'Humanité*, O.·. de Paris.

F.·. Eugène Delattre, conseiller municipal.

Vénérable de la L.·. *l'École-Mutuelle*, O.·. de Paris;

traite, au commencement de l'année 1880, dans cette Loge, « de l'Opportunisme et de ses rapports avec la Maçonnerie. »

F.·.Denizot, conseiller municipal. — Vénérable de la L.·. *la Liberté-de-Conscience*, O.·. de Paris; ancien Vénérable de la L.·. *les Élus-d'Hiram*, O.·. de Paris.

F.·. Dumas, conseiller municipal démissionnaire. — Membre de la L.·. *la Liberté-de-Conscience*.

F.·. Forest, conseiller municipal. — En 1867, Vénérable de la L.·. *les Amis-de-l'Ordre*, O.·. de Paris.

F.·. Germer Baillière, conseiller municipal. — Initié, le 14 octobre 1875, dans la L.·. *Alsace-Lorraine*. O.·. de Paris.

F.·. Goudchaux, conseiller municipal. — Membre de la L.·. *Alsace-Lorraine*.

F.·. Ernest Hamel, conseiller municipal. — En 1867, Vénérable de la L.·. *l'Avenir*, O.·. de Paris.

F.·. Harant, conseiller municipal. — Initié, le 14 octobre 1875, dans la L.·. *Alsace-Lorraine*, O.·. de Paris.

F.·. Hattat, conseiller municipal. — Prend part, au commencement de l'année 1880, à une discussion dans la L.·. *les Amis-de-la-Tolérance*, O.·. de Paris.

F.·. de Heredia, conseiller municipal. — Vénérable de la L.·. *l'Étoile-Polaire*, O.·. de Paris, Secrétaire du Conseil de l'Ordre du Grand Orient.

F∴ Hovelacque, con-
seiller municipal.

Traite, au commencement de l'année 1880, de la question des laïques et des congréganistes dans les écoles communales. »

F∴ Jacques, conseiller municipal.

Initié, en 1876, dans la L∴ *les Amis-de-l'Humanité*, O∴ de Paris, actuellement Vénérable de cette L∴.

F∴ Jobbé-Duval, conseiller municipal.

Membre de la L∴ *Alsace-Lorraine*, O∴ de Paris.

F∴ Lamouroux, conseiller municipal.

2ᵉ Surveillant de la L∴, *l'École-Mutuelle*, O∴ de Paris.

F∴ de Lanessan, conseiller municipal.

Membre de la L∴ *la Liberté-de-Conscience* ; fait, en 1878, dans la L∴ *Droit-et-Justice*, O∴ de Paris, une conférence sur le rôle de l'État dans l'instruction.

F∴ Ch. Lauth, conseiller municipal, administrateur de la manufacture de Sèvres.

Initié, le 8 septembre 1872, dans la L∴ *Alsace-Lorraine*, ancien Vénérable de cette L∴.

F∴ Level, conseiller municipal.

F∴ Manier, conseiller municipal.

Déjà Maçon en 1868.

F∴ Marsoulan, conseiller municipal.

En 1873, Vénérable de la L∴ *les Trinosophes-de-Bercy*, O∴ de Paris.

F∴ Antide Martin, conseiller municipal.

Vénérable de la L∴ *le Devoir*, O∴ de Paris.

F.·. colonel Martin, conseiller municipal. — Initié, en 1875, dans la L.·. *Alsace-Lorraine*, O.·. de Paris.

F.·. Masse, conseiller municipal. — Orateur titulaire de la L.·. *la Fraternité-des-Peuples*, O.·. de Paris, en 1871 ; membre actuel du Conseil de l'Ordre.

F.·. Saturnin Morin, conseiller municipal. — Membre de la L.·. *la Renaissance*, O.·. de Paris.

F.·. Murat, conseiller municipal. — Membre de la L.·. *l'École-Mutuelle*, O.·. de Paris.

· F.·. Ulysse Parent, conseiller municipal. — Ancien Vénérable de la L.·. *Écos.·.*, n. 133.

F.·. Perrinelle, conseiller municipal. — Prend part, au commencement de l'année 1880, à une discussion dans la L.·. *la Solidarité*, O.·. d'Issy.

F.·. Eugène Rigaut, conseiller municipal. — Membre de la L.·. *l'Étoile-Polaire*, O.·. de Paris.

F.·. Jules Roche, rédacteur du *Siècle*, conseiller municipal.

F.·. Sick, conseiller municipal.

F.·. Thulié, conseiller municipal. — Vénérable de la L.·. *les Maçons-Réunis*, O.·. de Paris ; membre du Conseil de l'Ordre·

JOURNALISTES

F.·. Edmond About, rédacteur en chef du *XIXᵉ Siècle*. — Initié, ·en mars 5860 (*sic*), dans la L.·. *Saint-Jean-de-Jérusalem*, O.·. de Nancy.

F.·. Altaroche, ancien rédacteur du *Charivari*.

F.·. Émile de la Bédollière, ancien rédacteur du *Siècle*.

F.·. Ch. Bigot, rédacteur du *XIXe Siècle*. Fait, le 19 septembre 1878, une conférence dans la L.·. *Alsace-Lorraine*, O.·. de Paris.

F.·. Bolâtre, gérant du journal *la Révolution française*. Surveillant de la L.·. *l'Union-des-Peuples*, O.·. de Paris.

F.·. Henri Carle, rédacteur de la revue *la Libre Conscience*. En 1873, Vénérable de la L.·. *le Libre-Examen*, O.·. de Paris.

F.·. Charbonnier, rédacteur du *National*.

F.·. Fauvety, rédacteur en chef de *la Religion laïque*.

F.·. Auguste Hazard, rédacteur en chef de *l'Ami du progrès*, de Roubaix. Vénérable de la L. . *l'Étoile-du-Nord*, O.·. de Lille.

F.·. Clovis Hugues, rédacteur en chef de *la Jeune République*, de Marseille. Membre de la L.·. *la Parfaite-Union*, O.·. de Marseille.

F.·. Jourde, directeur du *Siècle*. Déjà Maçon en 1867.

F.·. Jules Labbé, ancien rédacteur de *l'Opinion nationale*. Déjà Maçon en 1865.

F.·. Lafon, directeur de *l'Indépendant des Pyrénées-Orientales*. Vénérable de la L.·. *les Amis-de-la-Parfaite-Union*, O.·. de Perpignan.

F.·. Lavertujon, ancien directeur de *la Gironde*, candidat aux dernières élections législatives de Bordeaux. — En 1868, Vénérable de la L.·. *Française-Élue-Écossaise*, O.·. de Bordeaux.

F.·. Lepelletier, rédacteur de *la Marseillaise*.

F.·. Jean Macé, promoteur de la *Ligue de l'enseignement*. — Membre de la L.·. *Alsace-Lorraine*, O.·. de Paris.

F.·. Amédée Marteau, rédacteur en chef du *Journal du Havre*. — Initié, le 25 septembre 1878, dans la L.·. *Alsace-Lorraine*, O.·. de Paris.

F.·. Montanier, ancien rédacteur de *l'Opinion nationale*, préfet du Gers sous M. Gambetta. — Déjà Maçon en 1866.

F.·. A. de Rolland, ancien rédacteur du *Phare de la Loire*. — Initié, en 1867, dans la L.·. *Mars-et-les-Arts*, O.·. de Nantes.

F.·. Léon Richer, directeur du journal *l'Avenir des femmes*. — Vénérable de la L.·. *les Disciples-du-Progrès*, O.·. de Paris.

F.·. Schnerb, ancien rédacteur du *XIXᵉ Siècle*, préfet de Vaucluse. — Initié, le 3 mai 1875, dans la L.·. *le Mont-Sinaï*, O.·. de Paris ; il fait aujourd'hui, a dit à la fin de 1878 l'Orateur de la L.·., « l'application des libérales pensées qu'il exposait ici. »

F.·. Sauvestre, ancien rédacteur de *l'Opinion nationale*, directeur de *l'En-*

seignement laïque, bulle-
tin de la Ligue d'ensei-
gnement.

F∴Eugène Ténot, ancien
rédacteur du *Siècle*, directeur de *la Gironde*, de
Bordeaux.

Membre de la L∴ *la Renaissance*, O∴ de Paris.

F∴ Waltz, rédacteur
en chef de *la République
de Nevers*.

F∴ Wyrouboff, direc-
teur de la revue *la Philosophie positive*.

Orateur de la L∴ *la Rose-du-
Parfait-Silence*, O∴ de
Paris; membre du Conseil
de l'Ordre du Grand Orient
de France.

DIVERS

F∴Édouard-Louis La-
ferrière, président de la
section du contentieux au
conseil d'État.

Initié, le 10 avril 1870, dans
la L∴ *le Réveil-Maçonnique*,
de Boulogne-sur-Seine.

F∴ Étienne Arago,
ancien maire de Paris.

F∴ Chatrian, homme
de lettres.

Initié, le 14 octobre 1875,
dans la L∴ *Alsace-Lor-
raine*, O∴ de Paris.

F∴ Ch.-L. Chassin,
publiciste.

En 1865, membre de la L∴
la Renaissance, O∴ de Paris.

F∴ Jules Claretie, pu-
bliciste.

Déjà Maçon en 1867.

F∴ Emile Corra, pu-
bliciste.

Fait, au commencement de
l'année 1880, une conférence

F.˙. Eugène Courmeaux, candidat ultra-radical dans la dernière élection de Reims.

dans la L.˙. *les Rénovateurs*, O.˙. de Clichy. En 1866, membre de la L.˙. *Écossaise*, n. 733.

F.˙. Gaston Crémieux, ancien président de la Commune de Marseille.

Vén. de la L.˙. *la Réunion-des-Amis-Choisis*, de Marseille.

F.˙. Décembre-Alonnier, publiciste.

Vénérable de la L.˙. *les Zélés-Philanthropes*, O.˙. de Paris (Vaugirard).

F.˙. Antonin Dubost, ex-chef de cabinet du F.˙. Leroyer, ex-garde des sceaux, conseiller d'État.

F.˙. G. Francolin, publiciste.

Vénérable de la L.˙. *l'École-Mutuelle*, O.˙. de Paris, directeur de la revue *l'École nouvelle*, « publiée », dit *la Chaîne d'union*, 1879, p. 65, « par une réunion de professeurs et d'instituteurs, tous Maçons. »

F.˙. Maglione, maire de Marseille.

F.˙. Mahias, ancien publiciste, préfet des Côtes-du-Nord.

En 1870, Orateur de la L.˙. *le Réveil-Maçonnique*, O.˙. de Boulogne-sur-Seine ; fait, en 1880, dans cette L.˙., l'éloge du F.˙. Armand Barbès.

F.˙. Massicault, ancien directeur de la presse au

Membre du Conseil de l'Ordre du Grand Orient.

ministère de l'intérieur, préfet de la Haute-Vienne.

F.·. Aug. Marais, secrétaire général de la *Société pour l'instruction élémentaire.*

F.·. Paul Meurice, homme de lettres.

F.·. Paul Morin, ancien membre de l'Assemblée nationale.

F.·. Ranc. — Membre de la L.·. *l'Action-Maçonnique.* V. Pinon, p. 303.

F.·. Camille Raspail.

F.·. Élisée Reclus, homme de lettres.

F.·. G. Ranvier, ancien membre de la Commune. — Vénérable de la L.·. *la Ligne-Droite.*

F.·. Aug. Schnéegans, le député « autonomiste » d'Alsace au Reichstag.

F.·. Siebecker, publiciste. — En 1878, Orateur de la L.·. *Alsace-Lorraine,* O.·. de Paris.

F.·. Seinguerlet, publiciste. — Initié, le 8 septembre 1872, dans la L.·. *Alsace-Lorraine,* O.·. de Paris.

F.·. Ad. Staplaux, publiciste.

F.·. Hipp. Stupuy, publiciste. — Initié, le 2 novembre 1877, dans la L.·. *l'École-Mutuelle,* O.·. de Paris.

F.·. Jules Troubat, publiciste, ancien secrétaire de Sainte-Beuve. — Reçoit, au nom de la famille Raspail, le 27 janvier 1878, au Père-Lachaise, les membres de la L∴ *les Amis-Bienfaisants-et-les-Imitateurs d'Osiris-Réunis*, O∴ de Paris.

F∴ Louis Ulbach, homme de lettres.

Fondateur de la revue *le Monde maçonnique*, avec le F∴ Caubet, actuellement directeur de la police municipale de Paris.

TABLE

—

PAGES.

I.— La Franc-Maçonnerie n'est pas une
Société de bienfaisance. 5

II.— La Franc-Maçonnerie s'occupe de politique. — La Révolution. . . . 9

III.— La Franc-Maçonnerie sous l'Empire. 18

IV.— La Franc-Maçonnerie sous la Restauration. 21

V.— La Franc-Maçonnerie sous le gouvernement de Juillet. 29

VI.— La Franc-Maçonnerie en 1848. . . 31

VII.— La Franc-Maçonnerie sous l'Empire
et au 4 Septembre. 35

VIII.— La Franc-Maçonnerie sous la Commune 40

IX.— Le But de la Franc-Maçonnerie est
politique 48

X.— Comment la Franc-Maçonnerie fait de
la politique ?. 55

XI.— La Franc-Maçonnerie dans les élections. . . . . . , ...   56

XII.— Le Programme politique de la Franc-Maçonnerie.   60

XIII.— La Franc-Maçonnerie dans le gouvernement de la France   63

XIV.— Conclusion   72

Pièces justificatives. — Liste de quelques Francs-Maçons   74

PARIS. — IMP. V. GOUPY ET JOURDAN, RUE DE RENNES, 71.

188